10 prendas para hacer al menos una vez en la vida

MAESTROS DE LA COSTURA

10 prendas para hacer al menos una vez en la vida

rtve
SHINEIBERIA
A Banijay Company
ESPASA

Espasa, sello editorial de Editorial Planeta, S. A.
Avda. Diagonal, 662-664, 08034 Barcelona
www.planetadelibros.com
www.espasa.com

Diseño de la cubierta: Planeta Arte & Diseño
Diseño de maqueta y de interiores: María Pitironte
Edición, fijación de texto y patrones: Vega Carabias
Figurines de la cubierta y de los interiores: Vega Carabias
Fotografías de las prendas: © Víctor Mesa
Fotografías de las páginas: 14 (© Apic/Getty Images); 30 (© UPPA/ Photoshot / Avalon / ContactoPhoto); 46 (© Album); 64 (© Stephen Wright/Getty Images); 80 (© EFE); 100 (© IanDagnall Computing / Alamy / ACI); 116 (© Collection KHARBINE-TAPABOR / Album); 138 © COLUMBIA PICTURES / Album); 154 (© Album); 168 (© Oronoz / Album)

Primera edición: enero de 2024
ISBN: 978-84-670-7129-0
Depósito Legal: B. 21.814-2023
Preimpresión: Safekat, S. L.
Impresión: Unigraf, S. L.
Printed in Spain - Impreso en España

LOVE productions

PEFC Certificado
Este libro procede de bosques gestionados de forma sostenible
PEFC
PEFC/14-38-00305
www.pefc.es

El vestido
debe ser una segunda piel,
lista para sonreír cuando
el que lo lleva sonríe.

MADELEINE VIONNET

ÍNDICE

ÈÌ

SLIP DRESS

QUÉ TIPO DE PRENDA ES

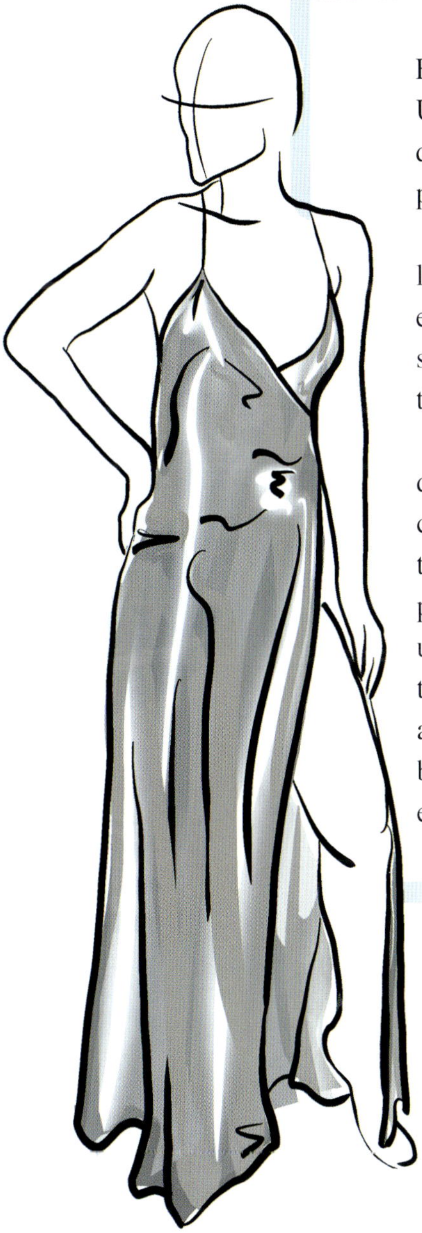

El *slip dress* es sumamente elegante y atemporal. Una pieza imprescindible en cualquier armario que nunca pasa de moda y súper combinable para diferentes ocasiones.

La elección del material es fundamental en la elaboración de cualquier prenda, pero para esta en concreto como se busca una imagen sofisticada y de fiesta, es preferible optar por un tejido brillante que nos lleve a la noche.

El tirante tan fino sugiere sensualidad, al igual que el pronunciado escote en la espalda. Con los cortes que atraviesan el trasero de la prenda y a través de la técnica al bies se crea una segunda piel que dibujará la silueta, alargando la prenda unos centímetros. Esto te permitirá optar por un tipo de calzado más elevado que complemente al *look*, además de crear una pequeña cola en el bajo, haciendo de esta una prenda mucho más especial.

MADELEINE VIONNET:

LA BAILARINA DE LA MODA

Madeleine Vionnet fue una diseñadora de vanguardia del siglo XX. Investigó técnicas y procesos, y además conoció desde dentro los entresijos del mundo de la moda, pues decidió formarse como modista en grandes casas como la de las hermanas Callot y la de Jacques Doucet en París.

Pionera no solo en utilizar técnicas novedosas, sino también en su faceta de empresaria, en mejorar las condiciones sociolaborales para sus trabajadoras, a las que proporcionaba formación como modistas y al mismo tiempo en lectura y escritura. Además, organizaba vacaciones pagadas y favorecía la conciliación familiar. Sus talleres eran muy modernos para esos tiempos, con luz y ventilación, y puestos de confección cómodos.

Innovadora donde las haya, eligió vestir a una mujer libre, lejos de las ataduras de la época, donde los cuerpos eran la inspiración y los materiales se adaptaban a él; ropa fluida y con caída para embellecer.

Vionnet se inspiró en la danza, disciplina que necesita de la movilidad de sus prendas para lograr sus objetivos. Tomó como referente el arte de Isadora Duncan, bailarina del momento, cuyos espectáculos eran ejemplo de modernidad. Sus prendas, alejadas de artificios, apenas llevaban cierres. Eran las costuras las que vertebraban las piezas y les conferían su singularidad.

Como conocedora de la moda y con una dilatada trayectoria, utilizaba muñecas para trabajar sobre ellas usando la técnica *moulage* (pág. 96) y dar un mejor acabado a los vestidos, que ya quedaban traducidos en su pieza final.

Dicen que su inspiración partió de las modas grecorromanas, que llevaban grandes piezas de tejido que envolvían al cuerpo. En estas encontró su modelo de prenda y otra de las técnicas que la encumbró como diseñadora: el drapeado que, junto con el corte al bies (pág. 126), son sus aportaciones técnicas a la moda, que hoy por hoy continúan siendo actuales.

Qué
VAS A NECESITAR

Tejido de raso satinado. Puedes encontrar diferentes tejidos que te sirvan para elaborar el vestido, que van desde lo sintético, como es el poliéster, hasta lo más natural, como es la seda. En esta ocasión el raso satinado conferirá brillo y aportará un plus al *look*. Este tipo de tejidos lo hay sin elástico y con él, de esta característica dependerá que el vestido se ciña más o menos al cuerpo, cosa que ya trabajarás a la vez con el corte al bies.

Hilo al tono para máquina. En este caso de unos 120. Lo usarás, además de para unir las piezas, para hacer el repulgo del bajo, por lo que será necesario que compres al menos tres bobinas.

Hilo al tono para coser a mano.

Un metro de cola de ratón al tono del tejido principal. Los tirantes del vestido pueden ser del mismo tejido de la prenda, pero si quieres que sean muy estrechos, utiliza cola de ratón del mismo tono.

TRANSFORMACIÓN DEL PATRÓN BASE

Para la transformación del patrón base y convertirlo en tu patrón de *slip dress* debes dar una serie de pasos para modificar el delantero y la espalda.

DELANTERO

Partiendo del patrón base, crea la transformación del delantero del vestido en primer lugar. Sitúate en el final de la pinza de pecho y sube 5,5 cm en perpendicular para poner la parte más alta del escote **(A)**.

Para hallar la línea de escote, sitúate a la altura de la cintura, es decir, entre el cuerpo base y el patrón delantero de la falda. Desde ese punto traza una línea de 18,7 cm. Este será tu punto **B**. Une los puntos **A** y **B**. Debe haber una distancia de 40,5 cm entre ambos.

Halla el costado de esta pieza pasando por la mitad de la pinza de pecho y apoyándote casi en el costado del patrón base de la falda. De esta forma obtendrás la línea de costado del patrón delantero del vestido.

Traza desde ese punto una perpendicular de 32,5 cm. Esta será la línea de abajo. Une el final de línea que acabas de dibujar con el punto **B** para hallar el centro delantero de la pieza que medirá 119,5 cm. Esta pieza se cruza en el costado, por lo que el centro delantero estará desplazado.

Repite los pasos para la otra pieza del delantero. Recuerda que debes hacerla simétrica.

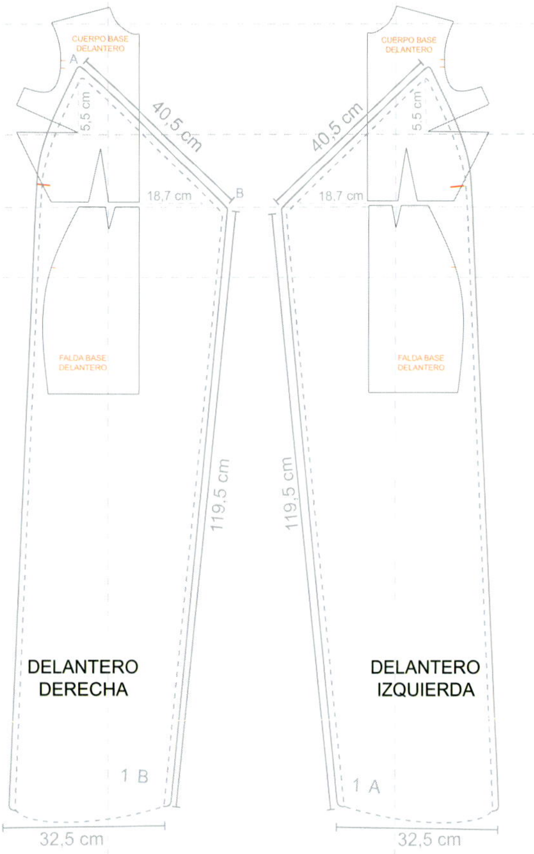

ESPALDA

Para trabajar el nuevo patrón coloca el cuerpo base de la espalda junto con el cuerpo base del trasero de la falda.

Desciende 18 cm desde el punto central superior **O** para marcar la línea de escote de la espalda del patrón trasero **(A)**. Este va a coincidir con la línea de cadera.

Traza desde **A** una línea hacia abajo de 250 cm. Dibuja una perpendicular y sitúa a cada lado de esa línea 27 cm. Este será el bajo de la pieza. Para cerrarla sube desde el punto **B** hasta encontrarte con la pinza.

Para el costado izquierda, desde el punto **C** traza una línea que pase por el costado del patrón base, a la altura del piquete, que mida 125 cm. Para realizar el bajo, traza una línea perpendicular de 40 cm. Cierra la pieza subiendo en paralelo a la línea de centro espalda trasero hasta llegar a la pinza.

Repite los pasos con el costado derecha. Se construirá de forma simétrica.

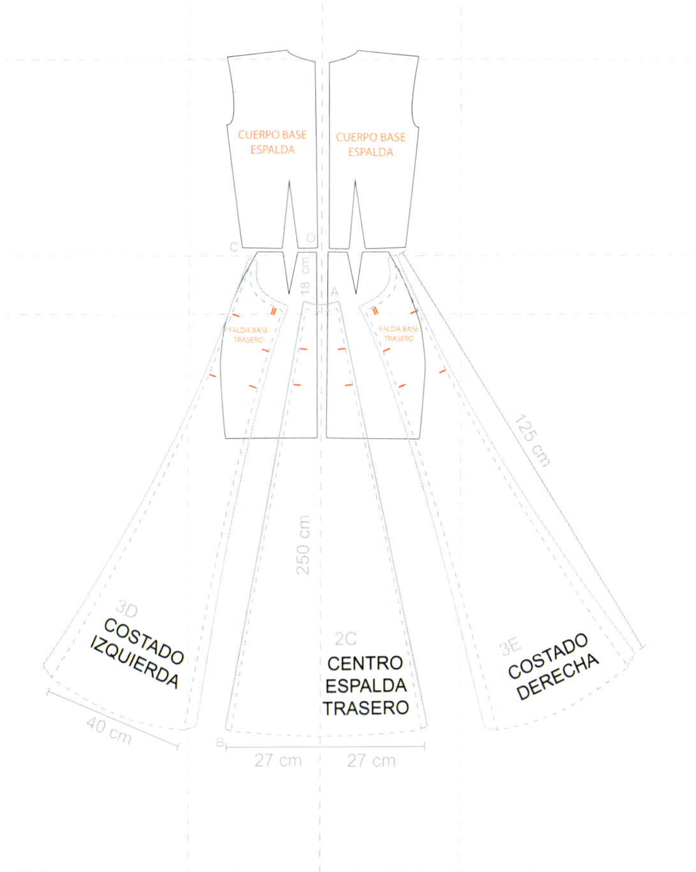

LA MARCADA

La marcada es la manera de disponer los patrones para el corte del tejido con el fin de aprovechar al máximo la tela, sin olvidar la dirección del hilo, que siempre será el que determine la posición de la pieza.

En el dibujo encontrarás los patrones situados al bies para poder cortar las piezas del *slip dress.*

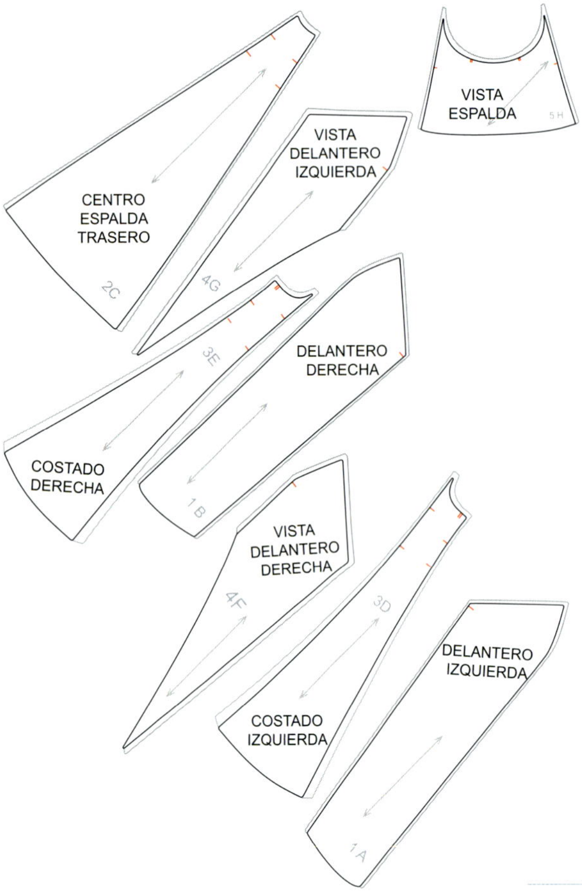

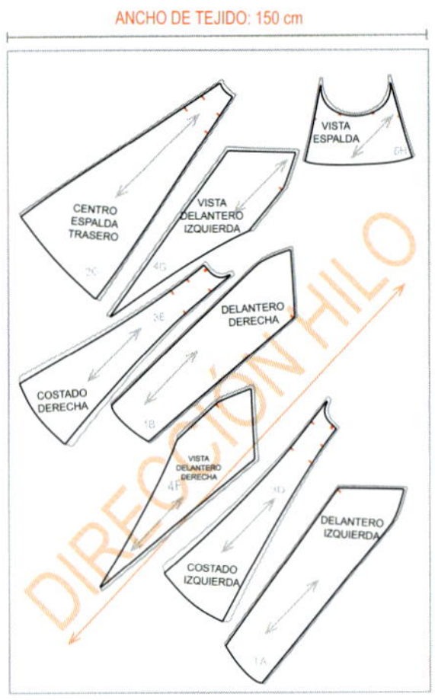

TALLAS

Ancho 150 cm	S	M	L	XL
TEJIDO PRINCIPAL	304 cm	307 cm	316 cm	319 cm

CONFECCIÓN

Antes de comenzar con el proceso de confección recuerda que debes añadir a las piezas 1,5 cm de más para que este sea el espacio de costura. Une las piezas según se muestra en los dibujos.

1. Une el costado izquierda, el centro de espalda trasero y el costado derecha, haciendo coincidir los piquetes, marcados con una costura francesa.

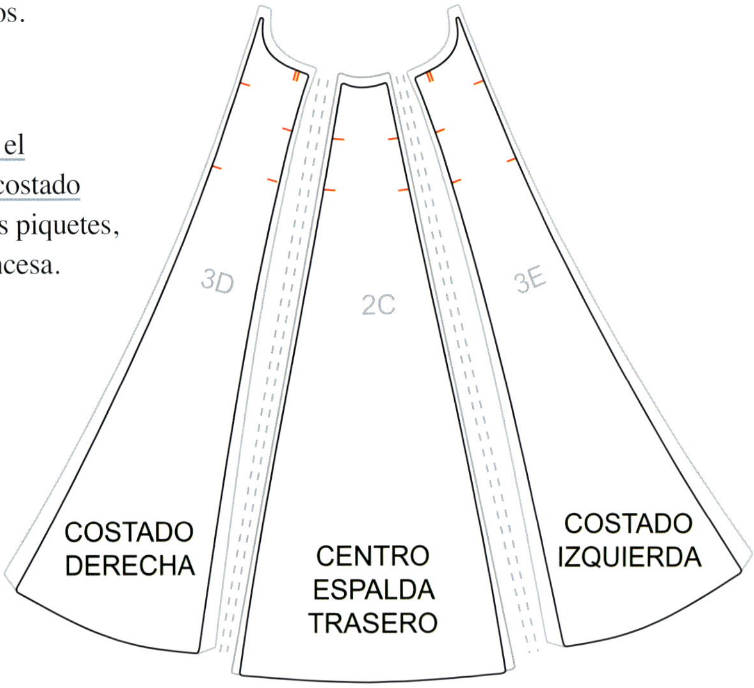

La costura francesa es diferente a la simple. En este caso se encara revés con revés para coser a 0,5 cm y posteriormente se gira el tejido cosiendo a 0,7 cm. De esta forma queda construida una costura completamente limpia.

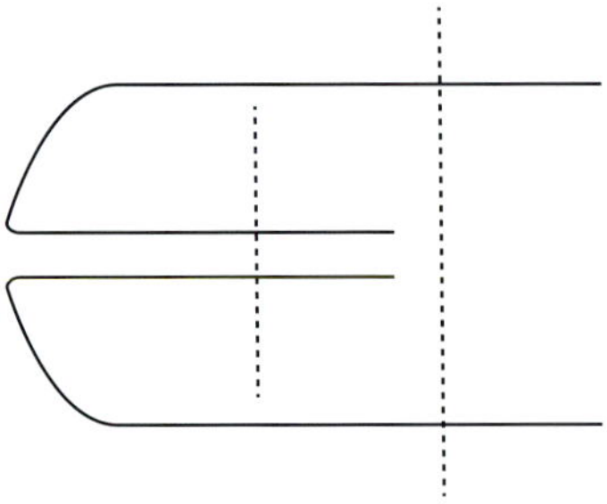

2. Una vez unidas las tres partes del trasero, tendrás una pieza ya completa que unirás con las dos del delantero por los costados. Realiza la misma costura francesa que en el paso anterior, que consta de una primera costura a 0,5 cm y luego otra de 0,7 cm.

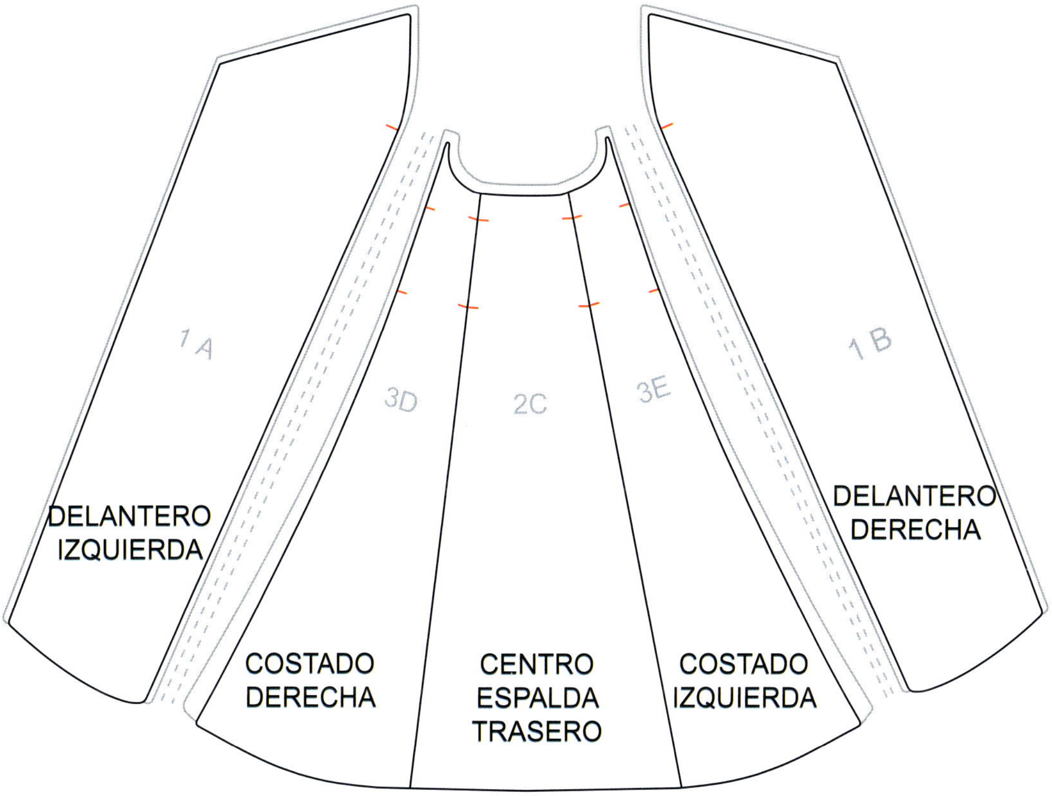

3. Para unir las vistas del delantero del vestido **(4F y 4G)** repite el mismo proceso que has utilizado para los pasos anteriores, aunque en este caso las unirás a la vista de la espalda **(5H)** que es una sola pieza. Es recomendable que uses una costura simple y que la remalles más tarde con tres hilos.

Para el bajo de las piezas ya unidas usa el repulgo, que es el mismo acabado que darás al bajo de la prenda.

El repulgo es una forma de rematar una pieza con tres hilos. Es una costura pequeña y apretada que se hace con una remalladora. Este tipo de costura se usa también para rematar pañuelos y prendas que llevan volantes, pues el acabado acentúa el volumen o, en este caso, el corte al bies.

EL MONTAJE

4. Para poner los tirantes, tanto si los has hecho del propio tejido como si has optado por comprar cola de ratón, colócalos a la vez que unes las vistas al vestido ya cerrado. Hazlo con una costura simple de entre 0,7 y 1 cm alrededor de toda la pieza, uniendo las partes que sean iguales.

5. Remata el bajo, una vez terminada la prenda. Haz una costura de repulgo (pág. 23) para acentuar la sinuosidad de este.

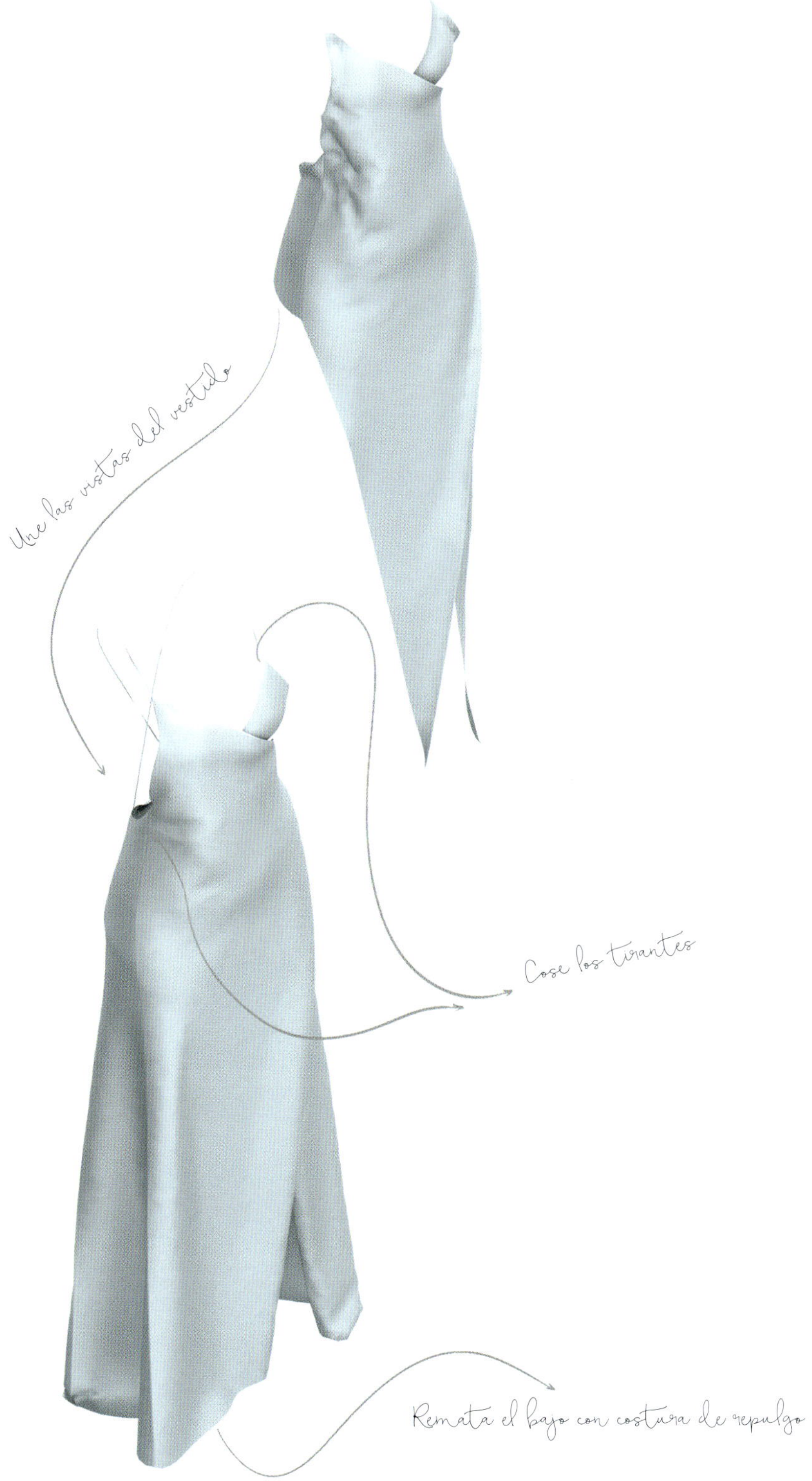
Une las vistas del vestido
Cose los tirantes
Remata el bajo con costura de repulgo

EL

CORTE AL BIES

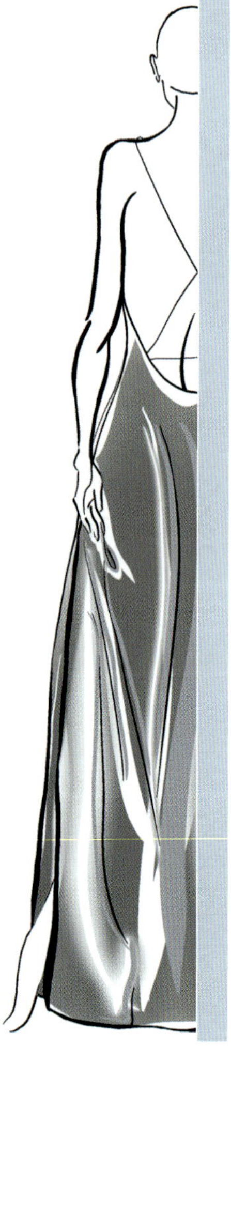

Esta técnica no deja de ser un cambio en la forma de colocar el patrón para cortar el tejido. En lugar de hacerlo al hilo, se realiza en un ángulo de 45º para asegurar que el tejido tenga la caída adecuada y no haga giros ni formas raras, ya que se está cortando en la misma dirección en la que se creó.

Cuando se usa el corte al bies lo que se busca es que el tejido se adapte al cuerpo, se pegue de una forma natural a este y ensalce la figura femenina.

Madeleine Vionnet convirtió esta técnica en un referente, haciendo sus prendas más cómodas y funcionales, algo casi impensable por aquel entonces.

El VESTIDO CORTO

de discos de cuero

QUÉ TIPO DE PRENDA ES

Este vestido es muy especial, ya que se compone de dos piezas superpuestas que se pueden llevar juntas o separadas. Por un lado, realizarás un vestido base sobre el que después crearás otro compuesto de pequeños discos.

Para los discos puedes usar materiales tales como el metacrilato, aros de distintos tamaños u otro tipo de pequeñas piezas. En este caso te propongo que utilices como tejido, el cuero.

La idea es que te inspires en los diseños de Paco Rabanne, pionero en el uso de muchos de estos materiales para la moda.

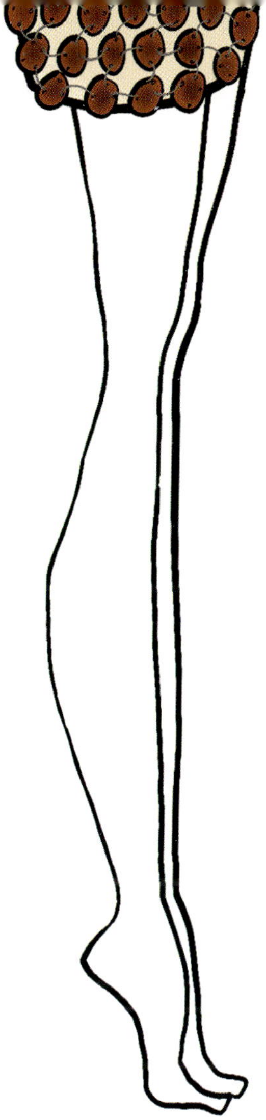

EL DISEÑO VANGUARDISTA DE

PACO RABANNE

Este modisto español es uno de los diseñadores más vanguardistas del siglo pasado. Investigador de otros materiales que no se utilizaban en moda, hizo de sus prendas verdaderos iconos.

Tanto su vida como su obra se vio influida por dos hechos: la huida a Francia con su madre después de que fusilaran a su padre, coronel de las fuerzas republicanas, al comienzo de la Guerra Civil. Y, sobre todo, el trabajo de su madre como costurera jefa de Balenciaga. De ella aprendió, como él decía «el gusto por la rebeldía». Además, su formación como arquitecto en París le sirvió para abrir su mente y empezar a utilizar elementos poco convencionales para confeccionar las prendas de vestir que tanto le caracterizaron. El uso de metales, plexiglás, aluminio, oro, cueros y otro tipo de piezas que se alejan de los tejidos más normativos hicieron de Rabanne una figura de referencia. Su talento disruptivo se adelantó en muchos casos a las tendencias y fue un referente para otros.

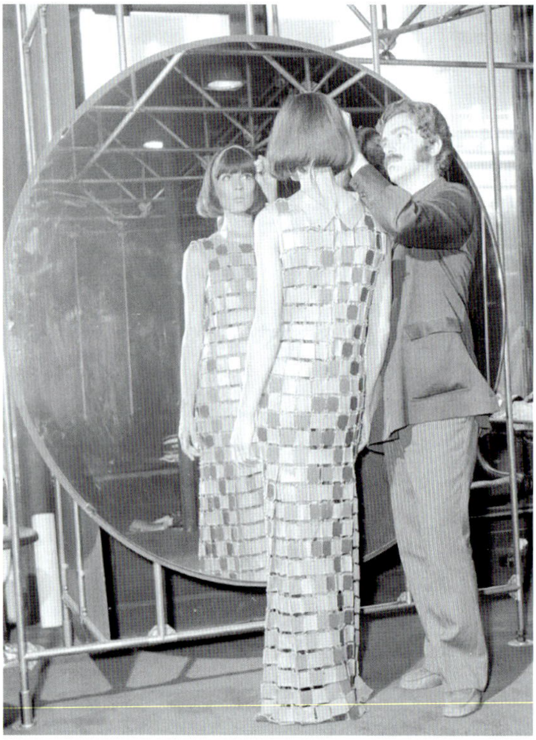

Dio sus primeros pasos creando bocetos con los que financió su carrera de Arquitectura. Los mandaba a prestigiosas casas de moda con el fin de hacerse un hueco en ellas. Son los grandes del momento como Chanel, Balenciaga o Pierre Cardin los que vieron en él un potencial extraordinario.

Su marca homónima abarca desde el diseño de mobiliario hasta los perfumes o las prendas de vestir que podemos disfrutar también en películas como *Barbarella* o *Dos en la carretera*.

Qué VAS A NECESITAR

Tejido de tafetán de algodón de color neutro. Puedes usar retor —o glasilla—, un material de construcción muy básico y fuerte. Es importante que no tenga elástico para que las medidas de los patrones sean lo más acertadas posible.

Tejido de vaqueta. Si quieres que el sobrevestido sea más rígido, la mejor opción es la vaqueta, un tipo de piel que se utiliza para la construcción de sillas y aperos en la equitación. Esta clase de cuero es bastante grueso.

Sacabocados, cúter, martillo, troquel y tijeras para cortar el cuero.

Escuadra.

Cremallera invisible del tono del tejido o botón. Puedes usar dos opciones para el cierre del vestido. La primera, colocar una cremallera con el largo de la medida del centro de espalda. La segunda, al ser una prenda que va terminada con vistas, optar por un botón con una presilla. De esta última forma dejarás la espalda descubierta.

Anillas con acabado metálico. Para unir cada una de las piezas circulares de cuero opta por usar anillas con este tipo de acabado. El diámetro de estas lo determinará la distancia a la que realices los agujeros en las piezas.

Hilo al tono para máquina.

Hilo al tono para coser a mano. También puedes usar el mismo que utilices para máquina en caso de que optes por el botón en vez de por la cremallera.

Botón.

TRANSFORMACIÓN DEL

PATRÓN BASE

Para la transformación del patrón base y convertirlo en el patrón de este vestido has de dar una serie de pasos para modificar el delantero y la espalda.

DELANTERO

Toma el patrón base delantero, tanto del cuerpo como de la falda. Primero vas a acortar el largo del hombro 5 cm para hacer un tirante más fino. Este será el nuevo ancho del hombro. Traza la nueva línea de la sisa.

Para crear la vista del delantero, haz una nueva pieza manteniendo hombro, cuello y manga con las mismas medidas, pero cortando el largo por la línea que sale del punto **A.**

Las medidas del largo del cuerpo delantero (36 cm) y de la falda delantero (48 cm) son las mismas que las del patrón base (págs. 180 y 183).

Cierra todas las pinzas.

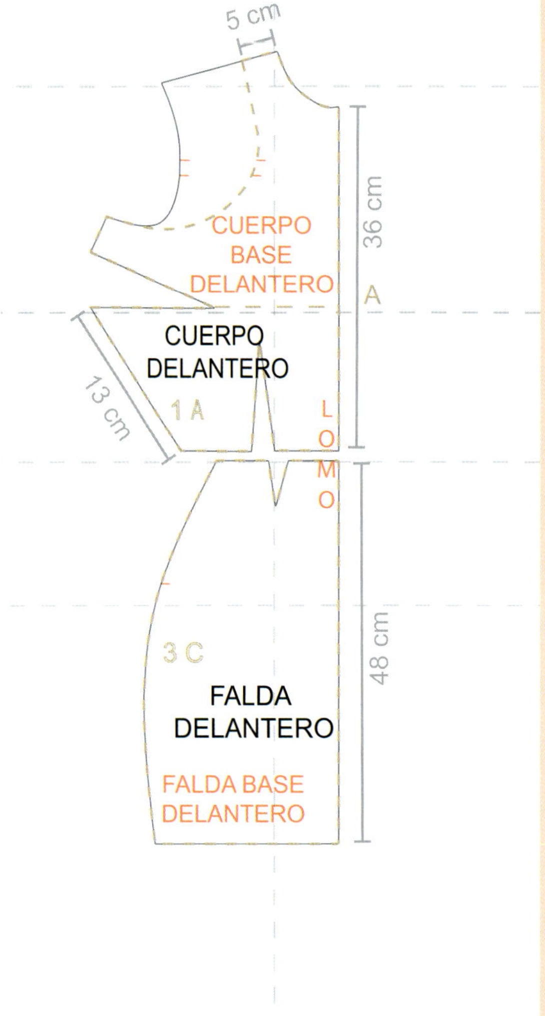

ESPALDA

Para la espalda y trasero, realiza el mismo procedimiento que en el delantero. Reduce nuevamente el largo del hombro 5 cm, y traza la nueva línea de la sisa.

Para crear la vista del trasero, haz una nueva pieza manteniendo hombro, cuello y manga con las mismas medidas, pero cortando el largo por la línea que sale del punto **A.**

Las medidas del largo del cuerpo espalda (36 cm) y de la falda espalda (48 cm) son las mismas que las del patrón base (págs. 180 y 183).

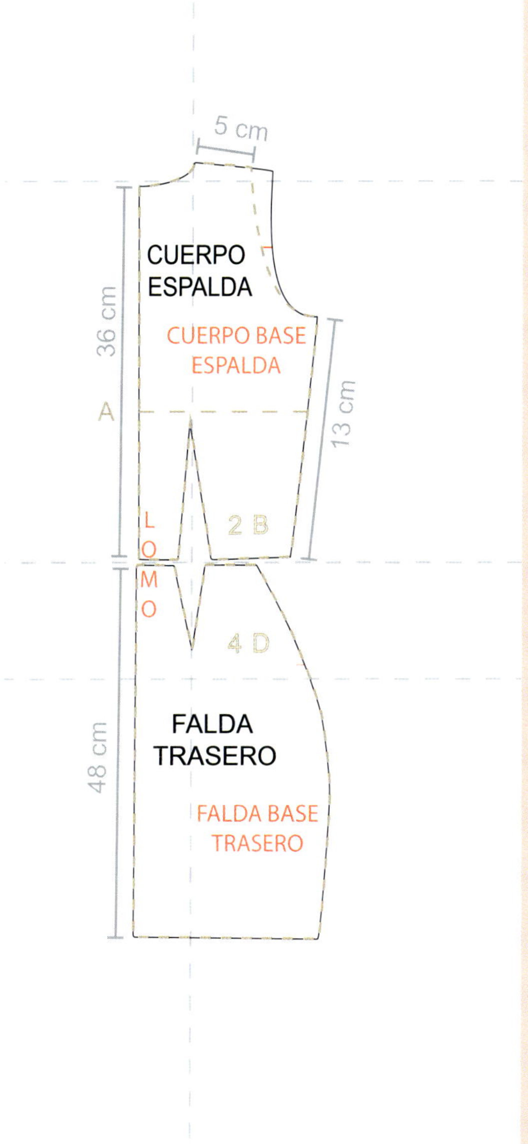

LA MARCADA

En el dibujo encontrarás los patrones situados al hilo para poder cortar las piezas del vestido.

Para la elaboración de la marcada de esta prenda debes trabajar con el tejido doblado para cortar las piezas a lomo. De esta forma, como las piezas son simétricas, te saldrán al cortar dos piezas del mismo tamaño.

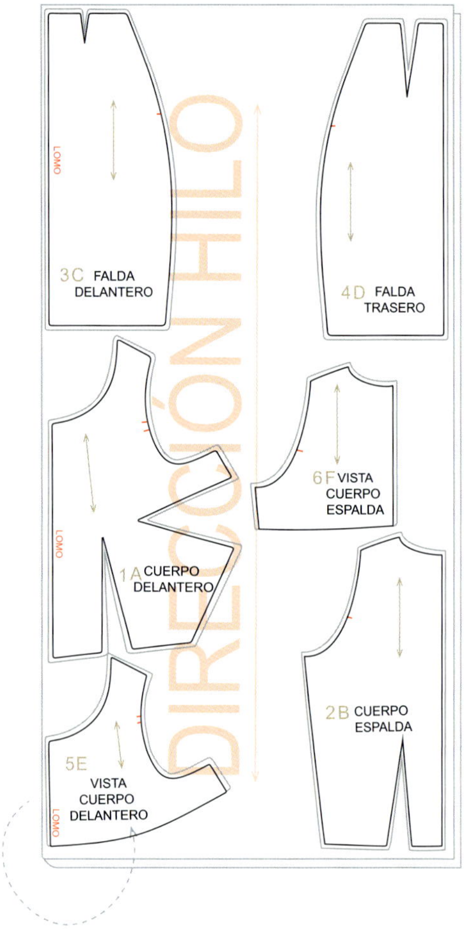

TALLAS

Ancho 150 cm	S	M	L	XL
TEJIDO PRINCIPAL	70 cm	80 cm	87 cm	89 cm
NÚMERO DE DISCOS	120			

CONFECCIÓN

Antes de comenzar con el proceso de confección recuerda que debes añadir a las piezas 1,5 cm de más para que este sea el espacio de costura. Une las piezas según se muestra en los dibujos.

Para los discos que conforman el vestido, puedes crear las piezas del tamaño que quieras. En este caso se propone crear círculos de un radio de 5 cm. Para ello necesitarás 120 piezas, pero este número dependerá del tamaño de círculo que utilices.

Para dar la forma elegida al cuero puedes usar un troquel que lo marque para posteriormente cortarlo con un cúter o unas tijeras. Cuando tengas todas las piezas haz cuatro agujeros en cada una con el sacabocados (diámetro aproximado, 0,34 cm). Esos agujeros son los que usarás para para introducir las anillas e ir uniendo las piezas.

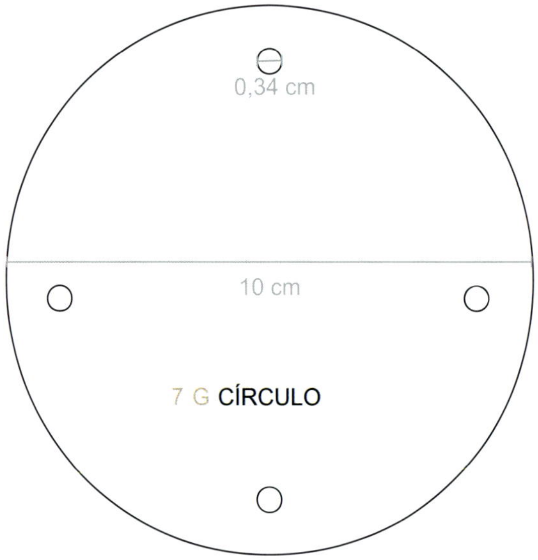

1. Cierra las pinzas de cada uno de los patrones que componen este vestido, las que corresponden al cuerpo delantero y espalda y a la falda del delantero y trasero.

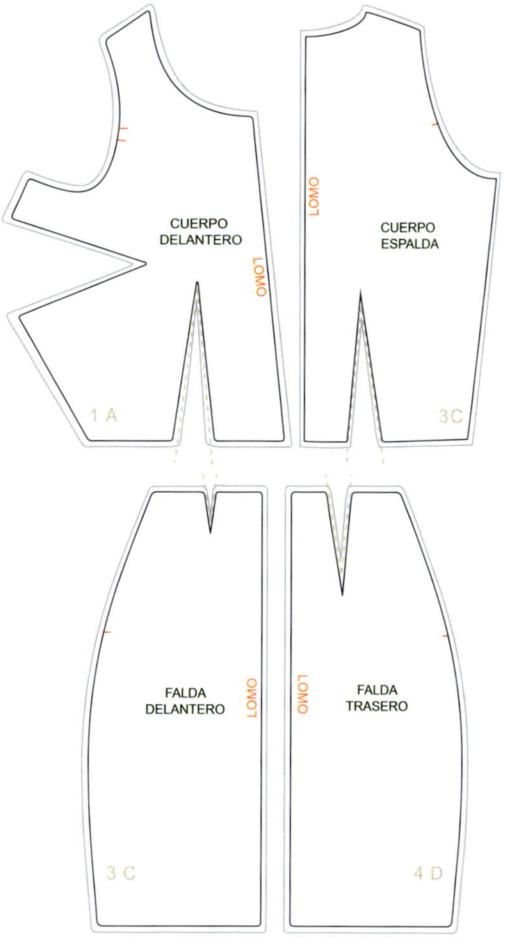

2. Une en primer lugar los hombros y posteriormente los costados. No olvides hacerlo derecho con derecho. Hazlo con una costura simple y después plancha cada una de las costuras que realices. Mantén la costura de la espalda sin cerrar.

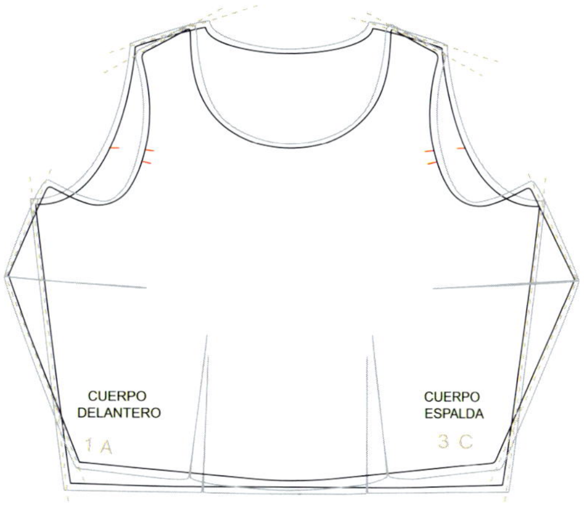

3. Une los costados de la falda con una costura simple a máquina. Después la podrás rematar con un sobrehilado o remallado para darle un aspecto más desenfadado. Para el bajo, opta por coserlo también a máquina.

4. Une las vistas del delantero y trasero entre sí, tanto en hombros como en costados. Después de realizar estas costuras, plánchalas. Deja sin cerrar la costura central de la espalda y remalla o sobrehíla el bajo de las vistas.

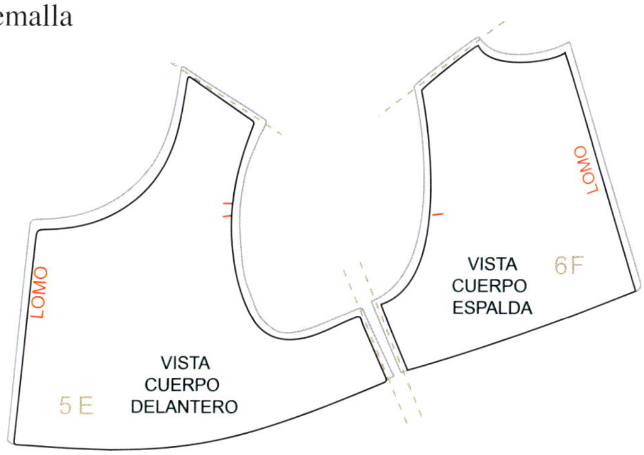

EL MONTAJE

5. Une el cuerpo ya terminado con la falda con una costura simple y después sobrehíla o remalla. Asienta todo con la plancha.

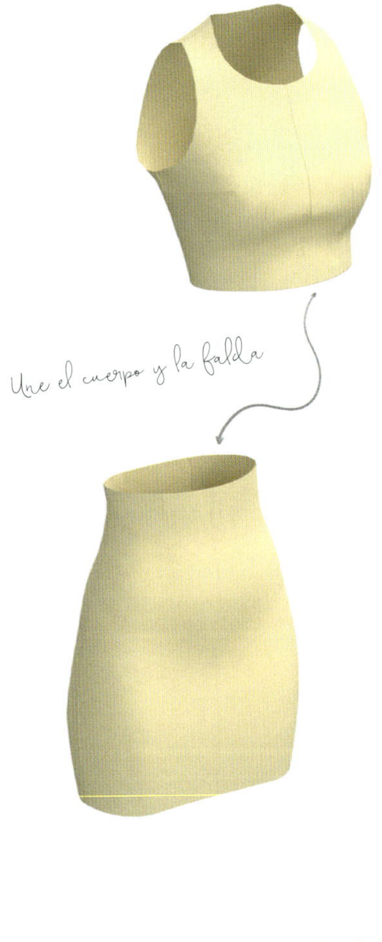

6. Une las vistas con el vestido y coloca la presilla en el lado derecho de la espalda y el botón en el izquierdo. Recuerda, hazlo derecho con derecho con una costura simple.

En este momento cierra también la costura de la espalda de manera conjunta con las vistas. De esta forma conseguirás un bonito cuello.

Plancha las dos piezas juntas.

7. Une los discos con sus anillas y ve superponiéndolos al vestido ya confeccionado. Comienza haciendo dos tiras de discos que medirán de largo lo que miden los hombros del vestido. Luego haz otra tira que haga la forma del pecho y únela a los tirantes. Ve haciendo tiras que vayan ajustándose a la forma del cuerpo y únelas a las que ya tienes montadas hasta llegar al largo deseado. Ten en cuenta que las tiras serán de un disco de grosor.

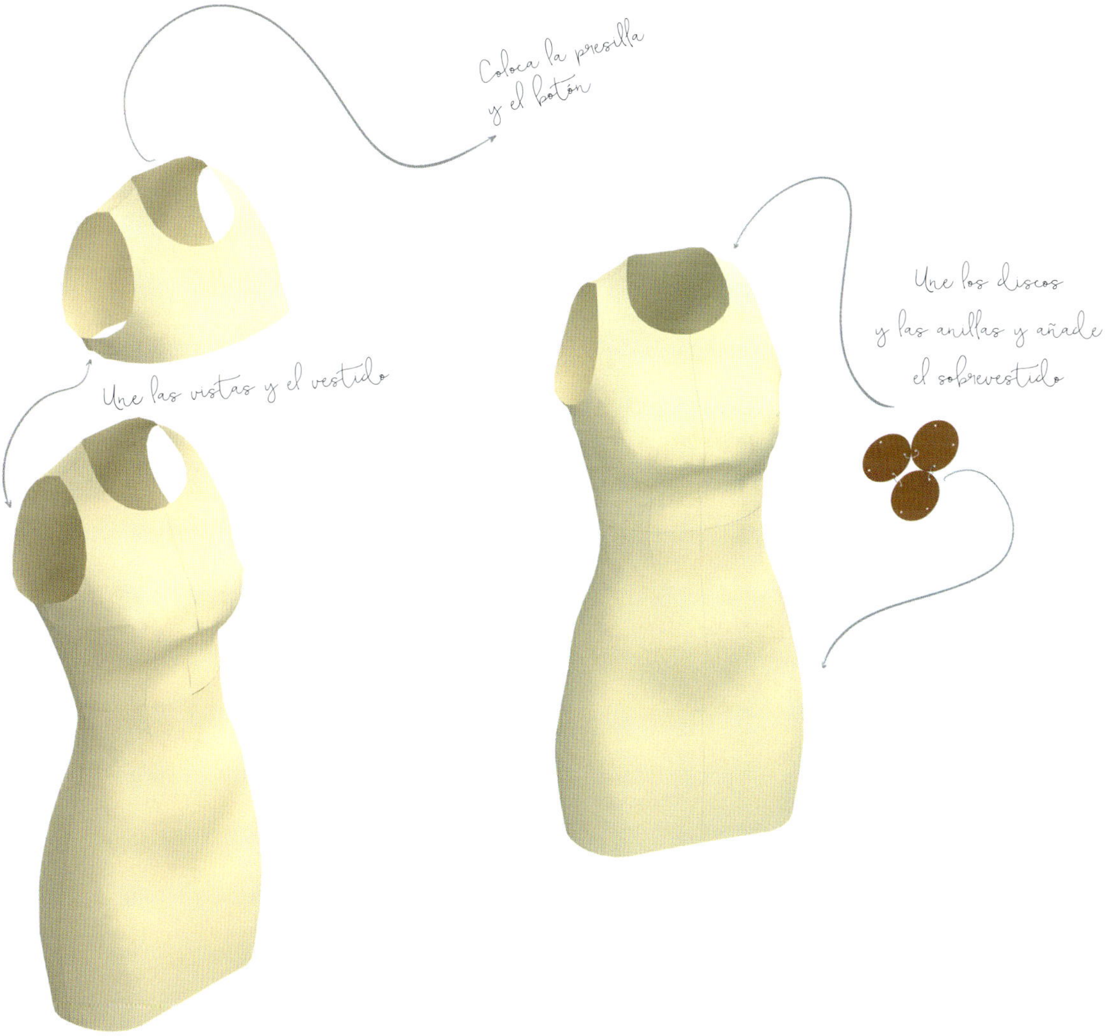

EL VESTIDO DE PAPEL:

¿TENDENCIA EFÍMERA O IDEA VISIONARIA?

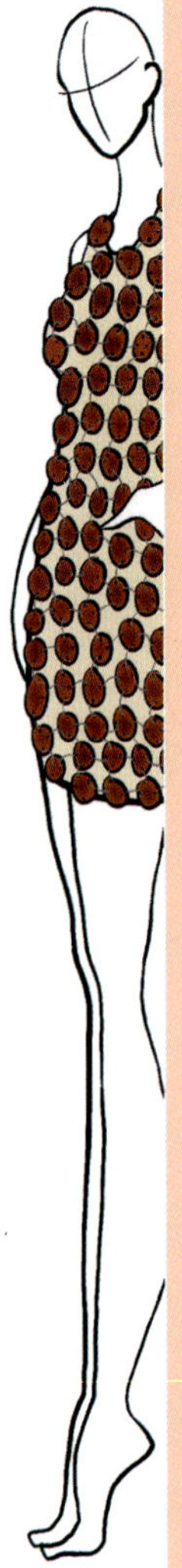

El uso de otro tipo de materiales, menos convencionales, para crear prendas de vestir parece algo novedoso del siglo XXI, pero lo cierto es que se llevan utilizando desde hace muchos años.

Ya en la década de los sesenta se pueden encontrar prendas elaboradas con materiales como el metacrilato o el cuero. Sin embargo, la microtendencia más curiosa fue la que lideró la norteamericana Scott Paper Company que empezó a confeccionar vestidos de papel. Esta empresa era la encargada de llevar a los hogares americanos papel higiénico, servilletas, toallas de papel, pañuelos, etc., y tuvo la gran idea de comercializar también vestidos hechos con este material.

A raíz de su campaña «Color Explosion», Scott Paper empezó a vender vestidos a un dólar elaborados con Dura-Weve, un derivado de la celulosa que utilizaba para su nueva línea de vajilla desechable y quería promocionar. Los vestidos de patrones sencillos causaron furor en el momento, ya que se podían conseguir muy baratos: se enviaba un cupón recortable en un sobre por 1,25 centavos y se recibía por correo en casa un vestido de papel con un pequeño manual de instrucciones de cómo montarlo y cuidarlo.

Todo el mundo quería estampar sobre estos vestidos sus campañas de marketing*, incluso la Campbell's Soup Company tuvo su vestido de papel y Paco Rabanne fue el encargado de varios de los diseños de Scott Paper.*

La historia de la moda hubiera sido otra si su éxito se hubiera prolongado más en el tiempo. Sin embargo, la inflamabilidad y rigidez del material, su incomodidad y que terminaban en la mayoría de los casos como desperdicio tras uno o dos usos hicieron que los vestidos de papel desaparecieran en pocos años. En 1968 prácticamente habían desaparecido del mercado. Solo el tiempo dirá si estuvimos ante el vestido del futuro y lo dejamos escapar.

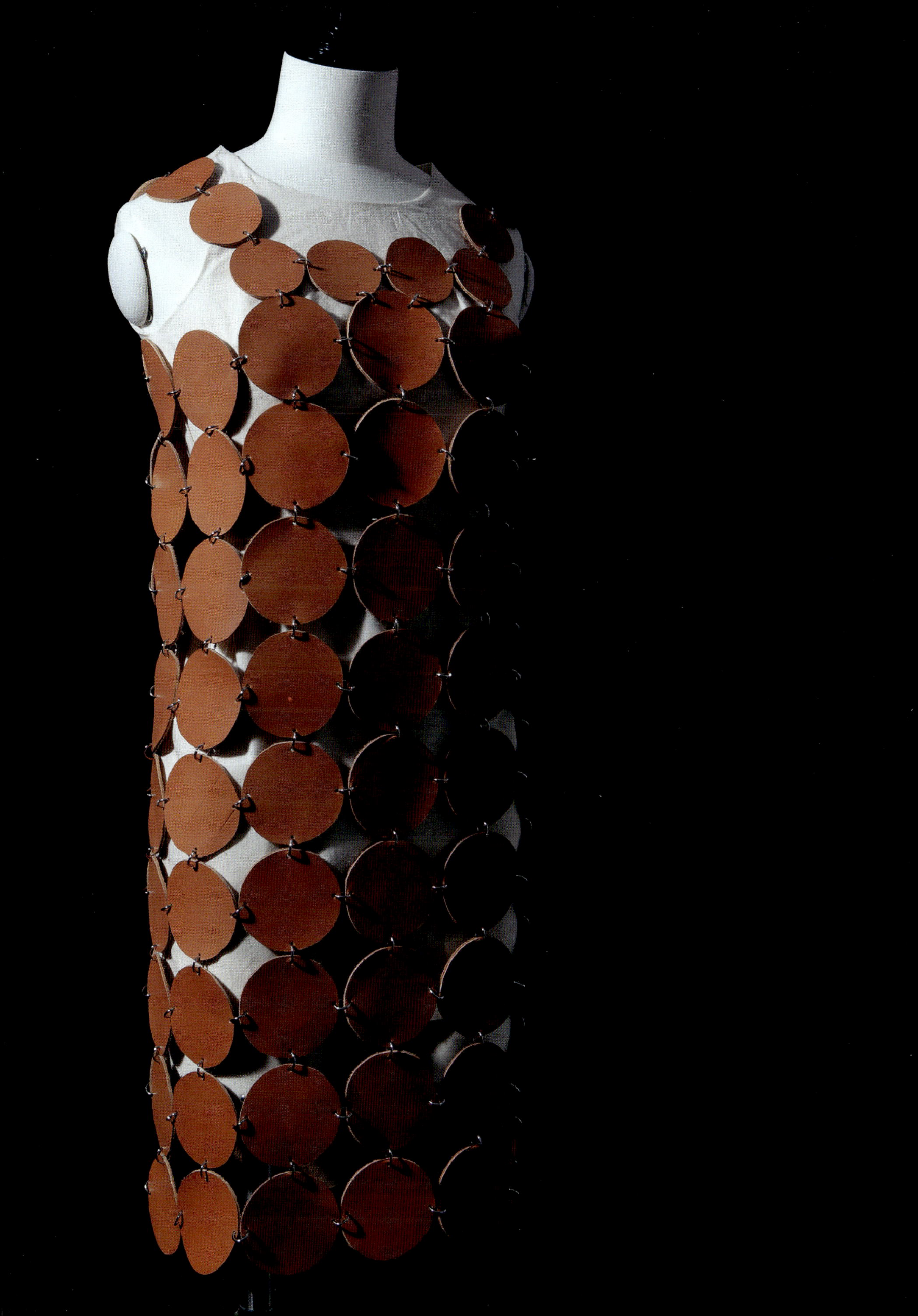

EL
TRAJE

QUÉ TIPO DE PRENDA ES

El traje moderno masculino de dos piezas tal y como lo conocemos hoy es una vestimenta que nació a mediados del siglo XIX y que ha ido evolucionando a lo largo de los años hasta convertirse en una prenda indispensable en cualquier armario, también en el de las mujeres. Hay muchas variantes, pero se podrían dividir principalmente en el recto o ejecutivo, el cruzado y el tres piezas, que es el que lleva incluido el chaleco.

El que vas a hacer está adaptado a la tendencia actual de silueta *oversize*, que permite jugar con diferentes tallas, volúmenes y estilismos. Para realizar el traje de chaqueta y pantalón se propone utilizar *tweed*. De esta manera se contrapone el estilo moderno del *oversize* al clásico tejido campestre inglés.

PODER Y ESTATUS

El *power dressing* habla de feminidad y de autoafirmación y generalmente está asociado a una vestimenta concreta: el traje de chaqueta. Ya en los años treinta, grandes actrices de Hollywood comenzaron a vestir con traje de chaqueta y pantalón. Entre ellas, Marlene Dietrich, que casi fue detenida en París por ir así vestida, o Katherine Hepburn, que mantuvo siempre que odiaba las faldas.

No es hasta de la Segunda Guerra Mundial, con la incorporación masiva de la mujer al trabajo, que las mujeres empezaron a llevar prendas «masculinas», como el pantalón, mientras sustituían en sus puestos en las fábricas a los hombres que se habían ido a combatir.

Más tarde, en las décadas de los ochenta y noventa, con el traje de chaqueta y pantalón más consolidado entre el público femenino, volvió a ocurrir un fenómeno similar cuando las mujeres empezaron a acceder a puestos de relevancia y reivindicaron espacios de poder en el entorno laboral.

La forma en la que viste Sigourney Weaver en *Armas de mujer* es un claro ejemplo de *power dressing*. El personaje interpretado por Melanie Griffith quiere parecerse tanto al de Weaver precisamente porque con su manera de vestir está expresando que tiene autoridad, poder y un cierto estatus tanto económico como laboral y es a lo que ella aspira.

Es el traje de chaqueta la prenda icónica por antonomasia que cada cierto tiempo se repite y se versiona de una manera u otra, con pantalones, con falda, pero siempre con unos rasgos en común: hombros amplios, silueta despegada del cuerpo y piezas de sastrería atemporales.

Qué VAS A NECESITAR

Tejido de *tweed*. Puedes trabajar casi con cualquier tejido. Es cierto que, dependiendo del elegido la construcción, y el proceso de confección será diferente. En algunos casos el *tweed* se mezcla con algodón y actualmente lo encuentras en cualquier tipo de sintético. Tienes más información sobre este tejido en la página 60.

Tejido de entretela. Aporta rigidez y hace que la prenda quede mucho más estructurada.

Cuatro botones negros.

Hilo al tono para máquina.

TRANSFORMACIÓN DEL

PATRÓN BASE

Para la transformación del patrón base y convertirlo en el patrón de la chaqueta has de dar una serie de pasos para modificar el delantero, la espalda y las mangas.

Para realizar el pantalón no necesitarás partir de un patrón base. En las páginas siguientes está el patrón del pantalón *oversize* de este traje de chaqueta.

Deberás realizar dos veces cada una de las piezas.

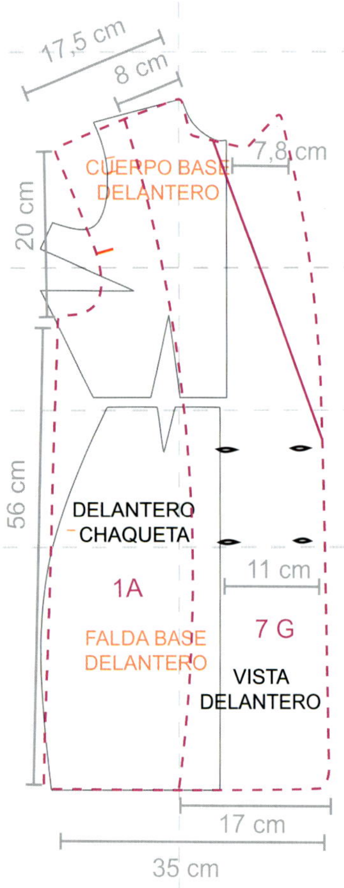

DELANTERO

La chaqueta la podrás llevar como un vestido, por lo tanto, parte también de la falda base para crear su patrón. La línea del bajo mide 35 cm en total, ya que se añaden 11 cm desde el centro del delantero para que la chaqueta cruce.

Para prolongar el largo de hombro, aumenta en primer lugar el largo de la sisa 20 cm y trázala. En segundo lugar, aumenta la línea de costado hasta los 56 cm.

Para hacer la solapa sitúate en la línea de la cintura, donde termina el patrón del cuerpo y empieza el patrón de la falda, y traza una línea que corte con el centro del escote delantero. Desde ese punto traza una perpendicular de 7,8 cm y dibuja la línea de la solapa que irá en disminución hacia la cintura. Nuevamente dibuja la línea suavizada.

ESPALDA

Sitúate en la parte más alta del centro de la espalda y traza una línea de 80 cm para hacer la espalda de la chaqueta. Recuerda que debes coger también parte de la falda base.

Ensancha el patrón desde la línea de costado del patrón base 13 cm. También aumenta la línea del bajo, 31,35 cm.

Alarga el hombro aumentando 17,5 cm el largo de la sisa y traza la nueva sisa. Por último, amplía la línea de costado hasta los 56 cm.

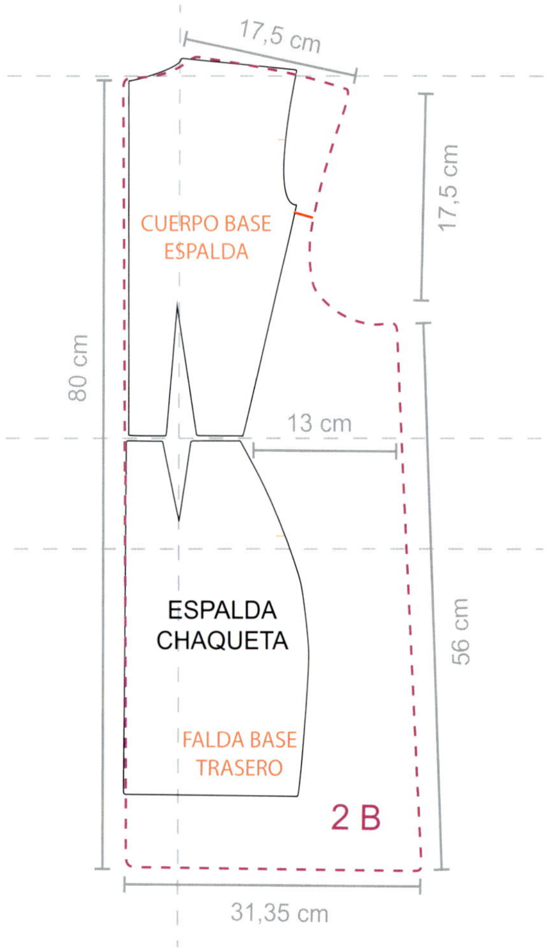

CUELLO

Tanto el cuello como el pie del cuello de la chaqueta se trazan siguiendo las indicaciones del dibujo con respecto al cuello de la solapa del delantero que ya has realizado.

Para el largo del cuello traza una línea de 68,4 cm. Dibuja los laterales siguiendo las medidas del dibujo. El cuello es simétrico, tendrá las mismas medidas por ambos lados.

El pie del cuello también se traza siguiendo las indicaciones del dibujo que ves en esta página.

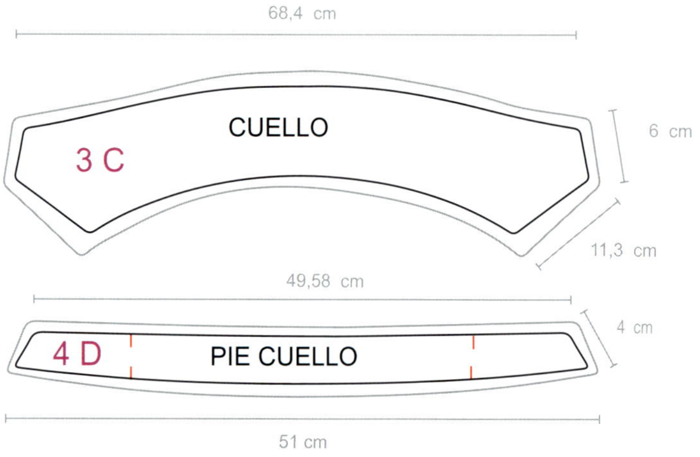

MANGA SASTRE

Traza un rectángulo con el largo de la manga. Toma las medidas tal y como se indica en la página 179. Sitúa el largo de codo y el ancho y el largo de la sisa quitándole 3 cm.

Esta manga tiene la particularidad de que está formada por dos piezas, por lo que en primer lugar debes hacer la hoja superior **(5E)** y, posteriormente, la hoja inferior **(6F)** con la información dada en el dibujo.

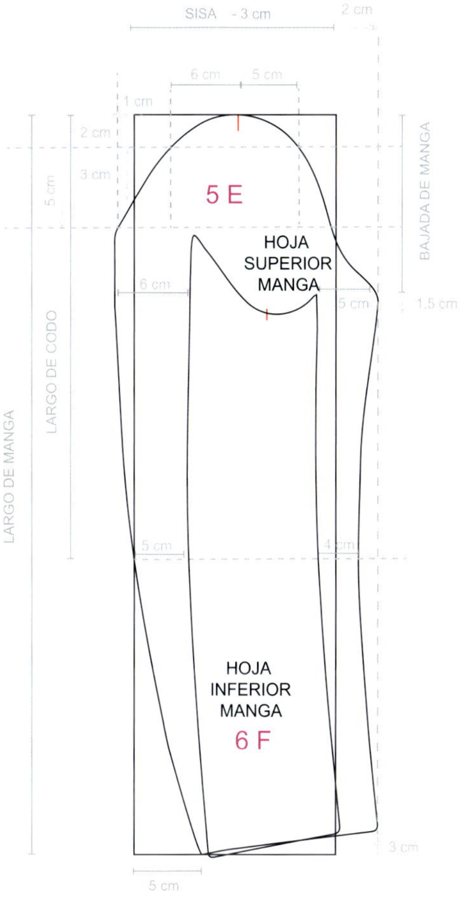

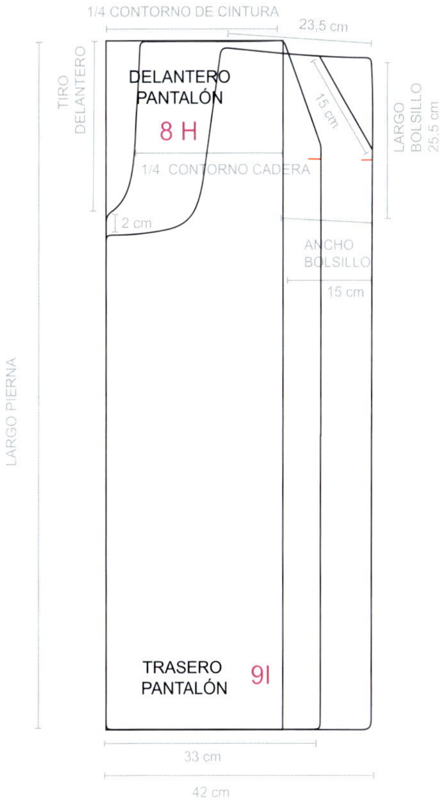

PANTALÓN

Realiza un rectángulo con la medida del largo de la pierna y con ¼ del contorno de la cintura. Para tomar esas medidas ve a la página 179.

Primero realiza el delantero del pantalón **(8H)** y después el trasero del pantalón **9I** siguiendo las medidas que aparecen en el dibujo.

Debes trazar también el largo, el ancho, el fondo y la apertura del bolsillo.

LA MARCADA

En este caso solo tienes un tejido con el que trabajar. En él cortarás todas las piezas en la dirección del hilo, tal y como se muestra en el dibujo. Corta también las vistas en entretela quitándoles 1 cm alrededor.

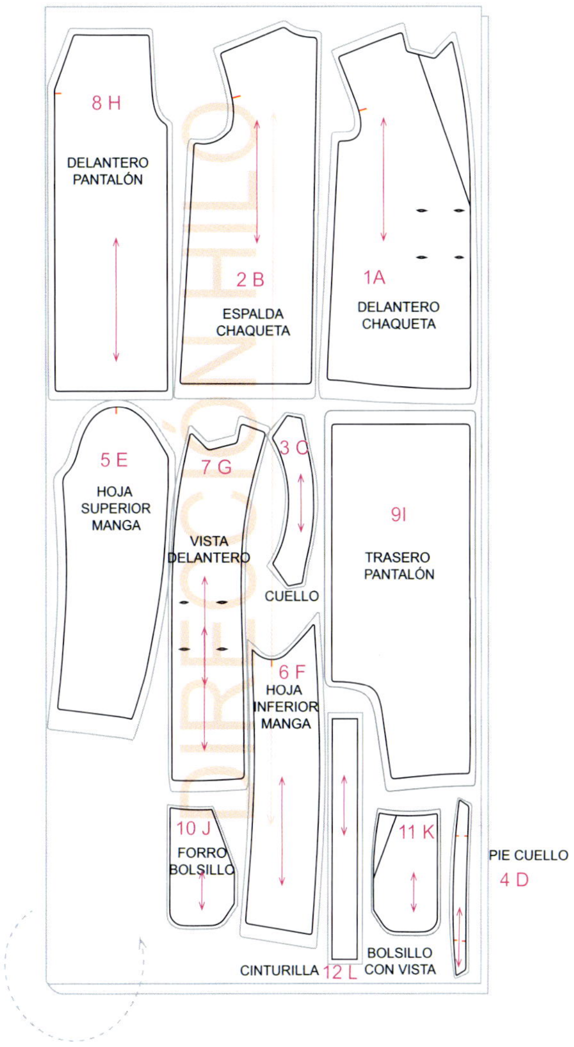

TALLAS

Ancho 150 cm	S	M	L	XL
TEJIDO PRINCIPAL	279 cm	283 cm	285 cm	290 cm
ENTRETELA	83 cm	83 cm	85 cm	85 cm

CONFECCIÓN

Antes de comenzar con el proceso de confección recuerda que debes añadir a las piezas 1 cm de más para que este sea el espacio de costura, a excepción de los bajos, donde has de dar al menos 5 cm. Une las piezas según se muestra en los dibujos.

CHAQUETA

1. Sobrehíla o remalla cada una de las piezas por separado, incluidas las vistas. De esta forma sujetarás el tejido.

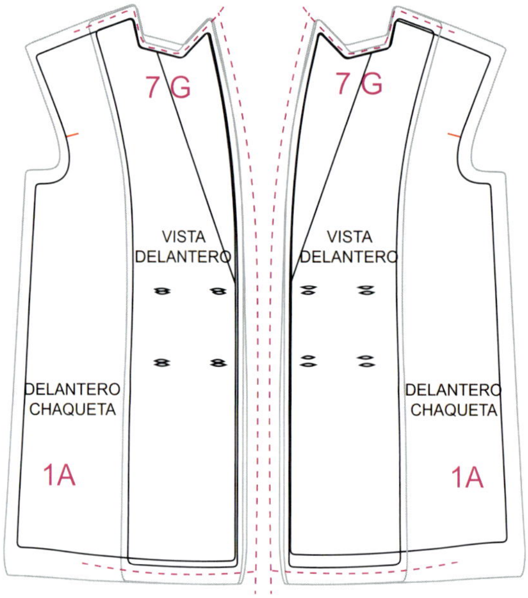

2. Para que la prenda quede más armada, entretela las vistas para conferirles una mayor rigidez. La entretela siempre será 1 cm menor que la pieza. Pégala con la plancha a las piezas.

3. Une las vistas a las piezas del delantero.

4. Una vez que hayas entretelado las piezas del cuello, únelas. Luego, móntalas enteras a la chaqueta ya unida. Hazlo siempre con una costura simple a 1 cm. Cose tanto el pie del cuello como su parte trasera.

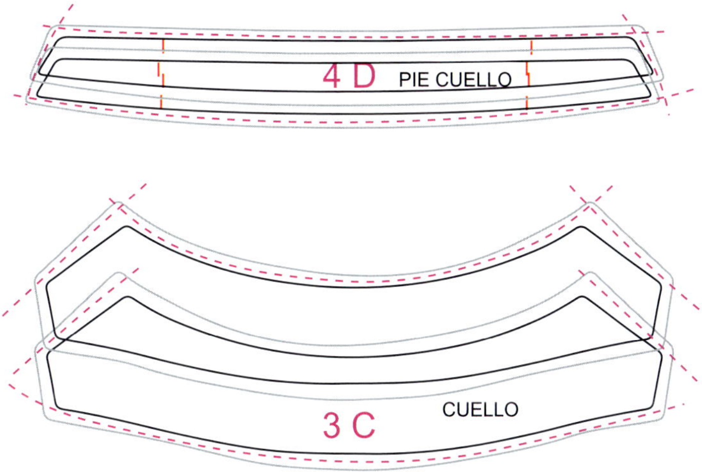

5. Cose la espalda con una costura simple y remalla o sobrehíla. Cierra los hombros primero y después los costados de la chaqueta con una costura recta. Plancha todas las costuras y la pieza entera.

6. Une las piezas de las mangas en plano y móntalas en la prenda.

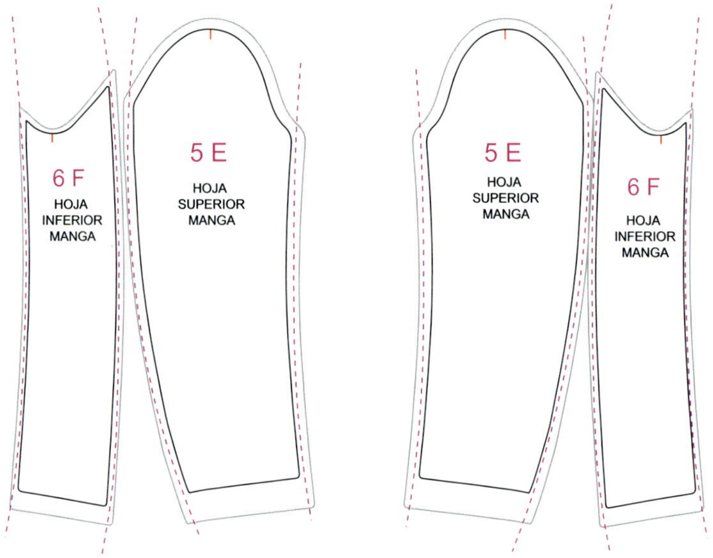

PANTALÓN

7. Une los bolsillos entre sí con una costura simple. Luego, sobrehíla o remállalos juntos.

Une con una costura de 4 cm al delantero para sujetar los bolsillos, a una distancia de 0,7 cm.

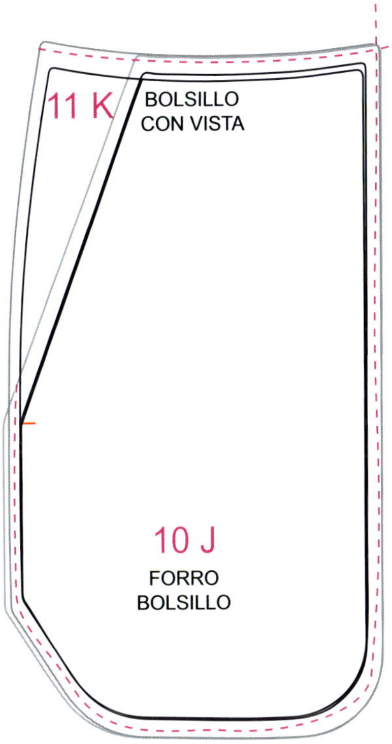

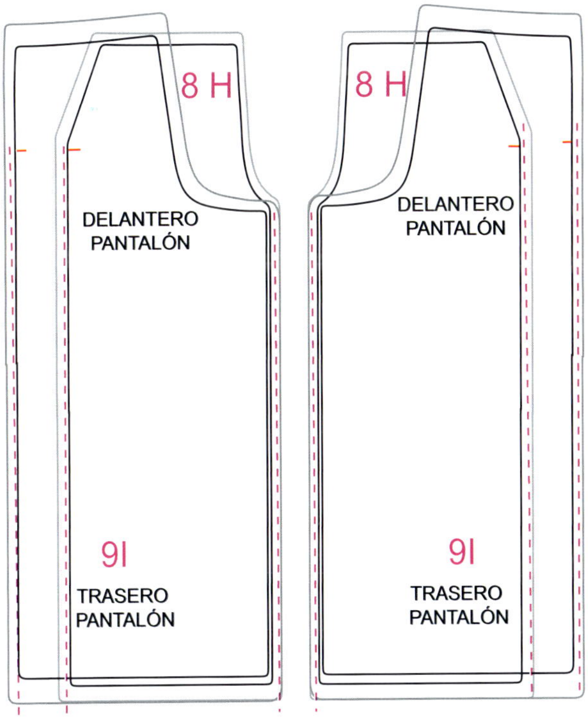

8. Cierra los costados del pantalón con una costura simple. Hazlo hasta los piquetes, que es donde irán situados los bolsillos. Por último, cierra el tiro del pantalón.

EL MONTAJE

9. Une las mangas y el cuello a la chaqueta.

10. Haz los ojales en los lugares que marca el patrón.

11. Entretela las dos piezas de la cinturilla y únelas.

12. Cose los bajos de las mangas, del delantero y de la espalda de la chaqueta y del pantalón y los botones de la chaqueta.

13. Sujeta las vistas de la chaqueta con una costura invisible en hombros y costados.

LA ELEGANCIA RÚSTICA

DEL TWEED

Este tejido está cargado de historia y lleva apareciendo muchos años en las colecciones de moda.

Es de tipo natural, de lana, cálido y resistente al agua y tiene diferentes acabados. Entre los más comunes se encuentran el Harris, el Donnegal, el Silk, el tipo cuadrícula o príncipe de Gales y la pata de gallo. Originario de Escocia, se usaba habitualmente como ropa de abrigo para la vida en el campo.

Durante el siglo XIX empezó a usarse con más frecuencia por las clases altas durante las cacerías y demás actividades campestres.

El *tweed* está muy asociado a la figura de Coco Chanel puesto que fue la primera en incorporar este tejido al armario femenino durante los años veinte. Creó uno mucho más ligero, cómodo y elegante y lo utilizó en chaquetas, conjuntos de chaqueta y falda, abrigos… convirtiendo a la chaqueta *tweed* en la prenda más reconocible de su firma y en todo un icono de la moda.

El CORSÉ y el TUTÚ

QUÉ TIPO DE PRENDAS SON

Estas piezas en principio no parecen tener mucha relación entre sí, pero parten de un mismo concepto. El corsé era una pieza que se utilizaba como ropa interior para dar una forma concreta a la figura femenina, y el tutú, aunque viene del mundo del baile clásico, recuerda a las enaguas.

Ambas marcan mucho la cintura por eso pueden usarse juntas en un solo *look*, aunque también como prendas independientes. El tutú también aporta volumen debajo de otras faldas, como en la del vestido *vintage*, por ejemplo.

En este caso vas a utilizar la licra para realizar el corsé y diferentes tipos de tul para el tutú.

CÓMO LA MODA REINVENTA

LO CLÁSICO

Ya en la antigua Grecia se utilizaban prendas para sujetar el pecho, pero se cree que el origen del corsé pudo haber surgido mucho antes y que fueron los cretenses hace cuatro mil años los que lo introdujeron, a pesar de que en esta cultura el pecho de la mujer iba al descubierto. No estaba mal visto, pues estaba muy vinculado a la maternidad.

En la antigua Grecia, las mujeres utilizaban prendas similares al *bandeau* actual para sujetar el pecho. Se conoce este hecho porque incluso se hacía referencia a esta prenda en representaciones teatrales de la época. En la antigua Roma, estas piezas se conocían como *mamillare* y tenían el mismo uso, tal y como se puede observar en restos arqueológicos.

A partir de la Edad Media, cuando las prendas comenzaron a ser más anatómicas, fue cuando se empezó a comprimir el pecho a través de corsés que fueron evolucionando de una manera u otra a largo de la historia, de los más rígidos de la época victoriana hasta casi terminar por desaparecer.

En el caso del tutú, vinculado a la disciplina de la danza, nos recuerda a las enaguas, esas prendas que se llevaban debajo de otras ropas y que no siempre veían la luz. Comenzó a usarse en 1820, aunque empezó a denominarse «tutú» a finales de siglo. Como prenda para el baile clásico debía permitir el movimiento, por eso suele confeccionarse con un tejido ligero, vaporoso y fino como el tul.

El gran maestro de la moda Jean Paul Gaultier usó ambas piezas desde el principio de su carrera e hizo del corsé todo un icono feminista pop. Es con el vestuario que realizó para la gira de Madonna en 1990 cuando esta prenda con copas cónicas volvió a estar de plena tendencia en el mundo. Además, Gaultier también utilizó el tutú convirtiéndolo en objeto de deseo. En sus colecciones hacía muchas alusiones a las prendas interiores transformándolas en piezas de alta costura y mostrando con orgullo esas prendas que la sociedad quiere ocultar.

Qué VAS A NECESITAR

Para el corsé

Tejido de tul de licra de 220 cm.

Ballenas rigilene. Serán las varillas las que aporten rigidez a la estructura del corsé. Estas ballenas tienen la ventaja de poder coserse por encima.

Cinta *grosgrain* al tono. Sirve para hacer el corsé más cómodo y para cubrir las ballenas.

Cinta elástica ancha de 5 cm. Para rematar el corsé y que se adapte lo más posible al cuerpo como una segunda piel.

Para el tutú

Tejido de licra para la falda base de 150 cm.

Tejido de tul rígido de 300 cm.

Cinta corchetera.

Cinta elástica estrecha de 2 cm.

Hilo al tono para máquina.

Para poder utilizar los distintos tipos de tul necesitarás usar la máquina con diferentes puntadas cuando trabajes con tejido plano, es decir, sin elástico, como el tul rígido. En este caso debes emplear la puntada recta, mientras que cuando cruces las licras has de usar la puntada en zigzag. Esta sirve para generar menos tensión y que de esta forma no se rompa el hilo al vestir la prenda.

TRANSFORMACIÓN DEL

PATRÓN BASE

Para la transformación del patrón base y convertirlo en tus patrones de corsé y tutú has de dar una serie de pasos para modificar el delantero, la espalda y la falda. Como las piezas son simétricas excepto el centro del cuerpo delantero **(1A)**, dobla la tela y así obtendrás las dos piezas a la vez, cortadas exactamente al mismo tamaño.

En el dibujo puedes ver las medidas de cada pieza del corsé:

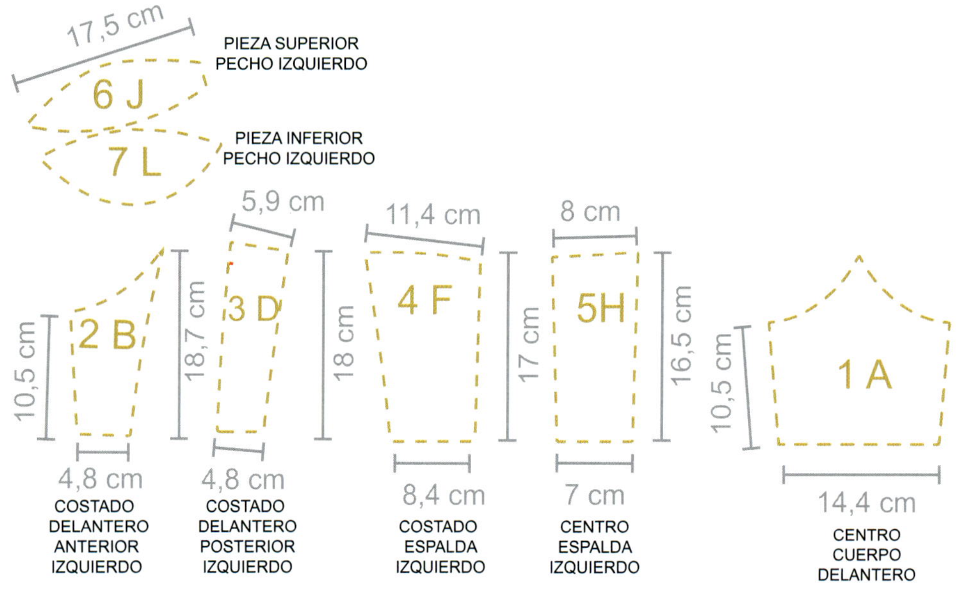

DELANTERO Y ESPALDA

Para bajar el escote, tanto del delantero como de la espalda, sitúate en su punto más alto y baja 17,5 cm. Este será tu nuevo punto de escote.

Las piezas del corsé se dibujan en los cortes de las pinzas del patrón base, una a una respetando las medidas y trabajando en simetría.

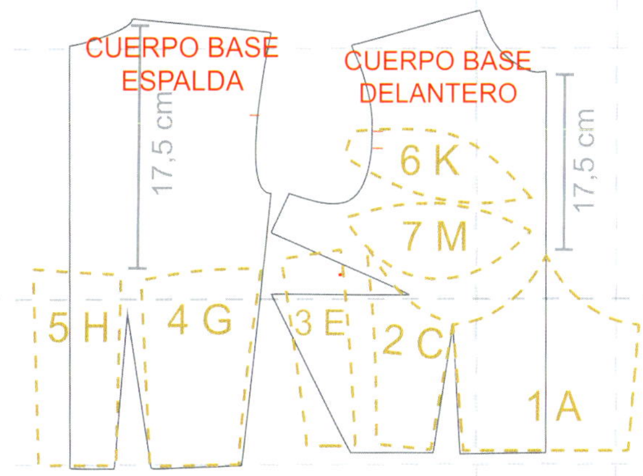

FALDA

Para el patrón del tutú corta la parte superior de la falda base y quita las pinzas. Las vas a sustituir por una cinta elástica estrecha de 2 cm que hará de cinturilla. Con esto se busca que la falda se acorte unos centímetros manteniendo la cintura entallada.

Marca después cuatro líneas por las que vas a coser el tul fruncido. Sitúalas a una distancia de 6,5 cm cada una.

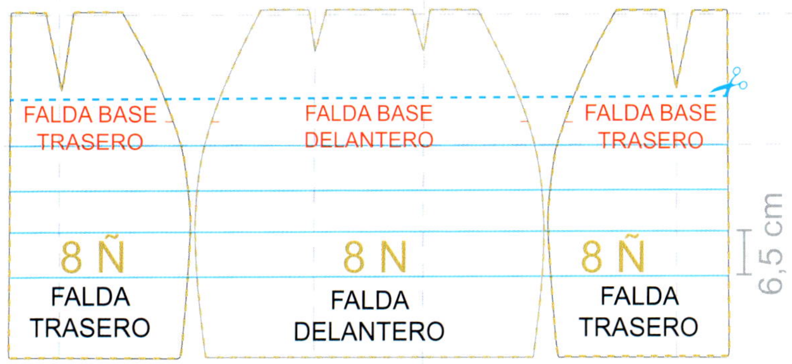

TIRAS DE TUL

Corta tres tiras de tul de 30 x 175 cm y una de 20 x 175 cm. Estas tiras serán las que convertirán tu falda base en un tutú dándole su vuelo característico. Las coserás sobre las líneas que has marcado anteriormente en la falda.

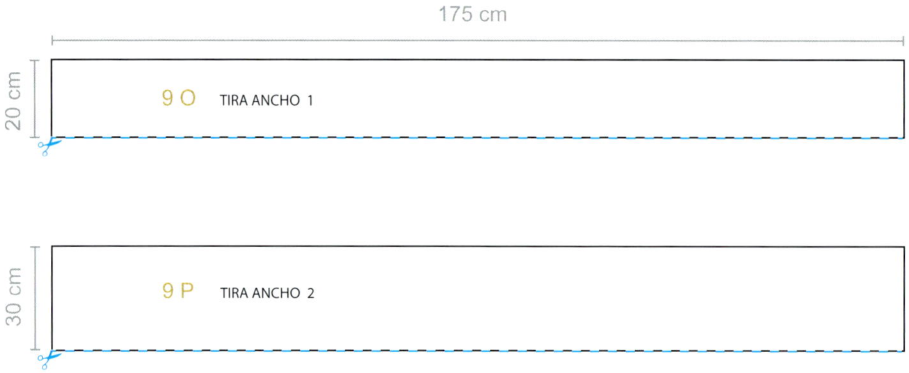

LA MARCADA

En los dibujos encontrarás los patrones situados al hilo para poder cortar las piezas del corsé y del tutú.

Para la creación de estas prendas necesitarás crear tres marcadas diferentes, ya que trabajarás con tres tejidos distintos: uno para el corsé, otro para la falda y otro para el tutú.

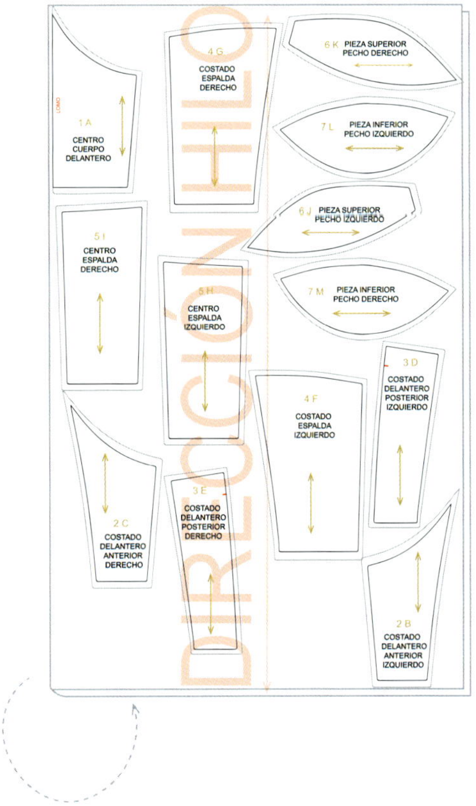

TALLAS

Ancho 150 cm	S	M	L	XL
TEJIDO DE TUL DE LICRA DE 220 CM	20 cm	20 cm	22 cm	22 cm
TEJIDO DE LICRA DE 150 CM	40 cm	40 cm	42 cm	42 cm
TEJIDO DE TUL RÍGIDO DE 300 CM	140 cm	145 cm	150 cm	155 cm
CINTA ELÁSTICA ESTRECHA DE 2 CM	84 cm	84 cm	86 cm	86 cm
CINTA ELÁSTICA ANCHA DE 5 CM	60 cm	72 cm	80 cm	88 cm
CINTA *GOSGRAIN*	180 cm	180 cm	182 cm	182 cm
BALLENAS RIGILENE	180 cm	180 cm	182 cm	182 cm
CINTA CORCHETERA	18 cm	18 cm	20 cm	20 cm

CONFECCIÓN

Antes de comenzar con el proceso de confección recuerda que debes añadir a las piezas 1 cm de más para que este sea el espacio de costura.

1. Une las piezas del corsé unas a otras tal y como se indica en el dibujo. Haz una costura simple y déjala abierta.

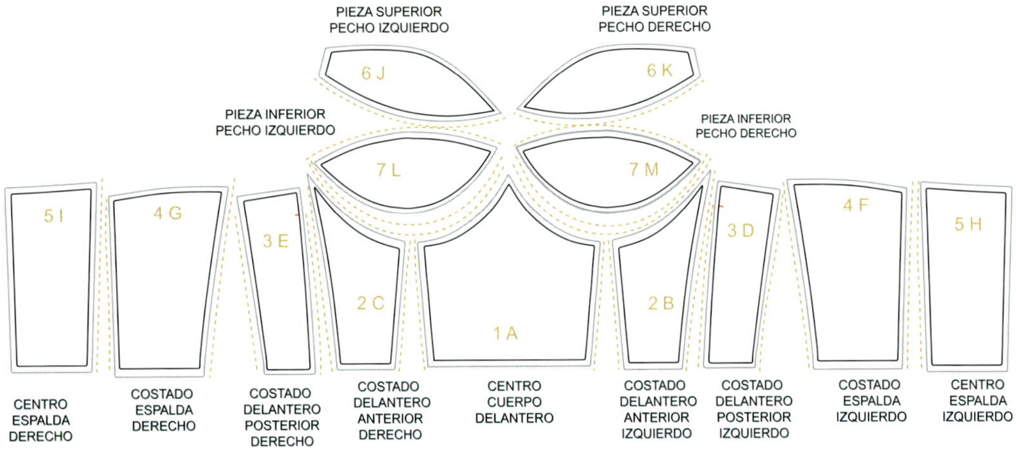

2. Corta las ballenas con la medida de las costuras que has hecho al unir cada una de las piezas del corsé y cóselas. Este tipo de tul, al ser algo más rígido, lo podrás coser con puntadas rectas. En el caso de que no funcione, prueba con un prensatelas de teflón u opta por la puntada en zigzag no muy ancha.

Cose la cinta *grosgrain* cubriendo cada una de las costuras. Usa el mismo criterio para las puntadas que en el paso anterior.

Añade la cinta elástica a la espalda, que servirá como cierre del corsé.

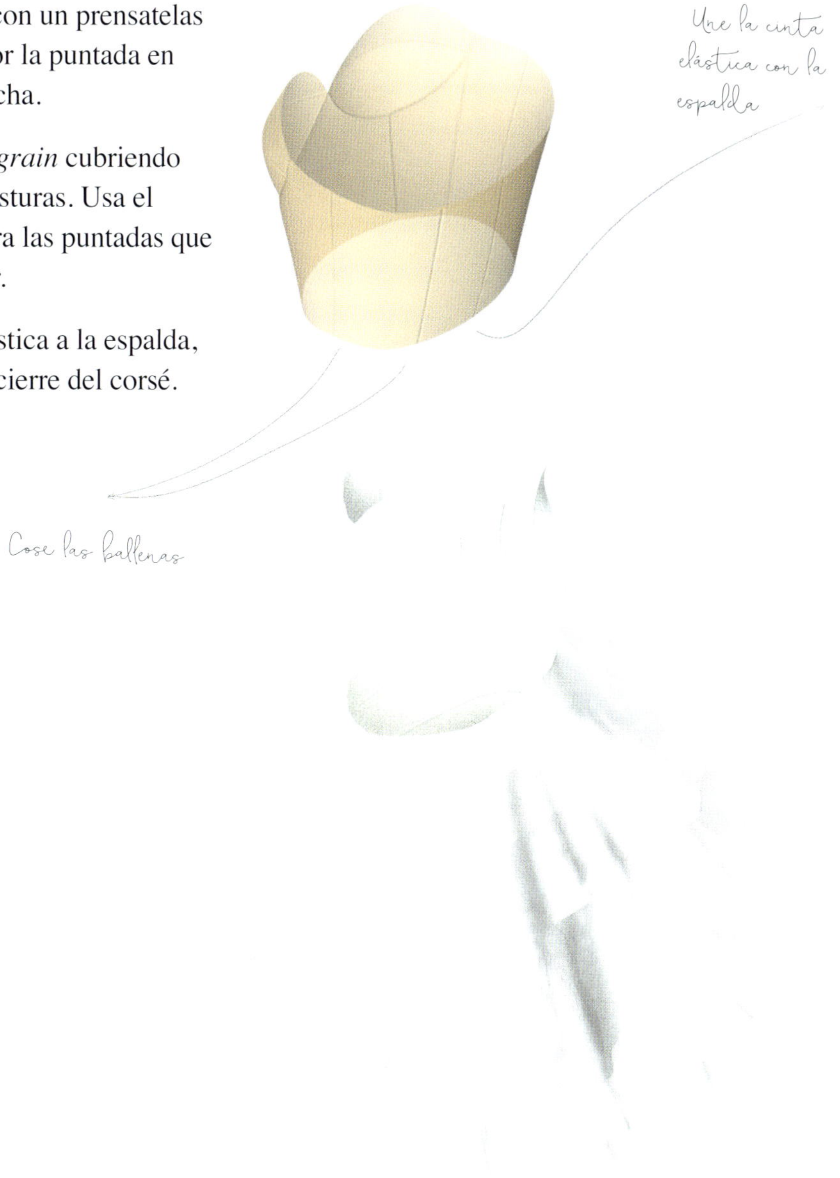

3. Cierra los costados de la falda, usando la costura en zigzag o la remalladora. Recuerda no cerrar la costura trasera, ya que lo harás al final.

4. Cose con una costura recta y de unos 5 cm de ancho —es decir, el máximo que dé tu máquina— cada una de las tiras de tul ya cortadas. Hazlo a 1 cm del borde, ya que más tarde tendrás que unirlas a la falda.

Frunce las tiras de tul, es decir, cada tira debe pasar de 175 cm de largo a lo que mida el perímetro de tu falda, tomando como medida las líneas que marcaste cuando hiciste el patrón de la falda. Únelas a la falda con una costura en zigzag, en la línea superior irá la tira de 20 cm y en las tres siguientes, las de 30 cm.

EL MONTAJE

5. Cose la cinturilla que has creado con la cinta elástica a la falda, ya con el tul colocado, y cierra la falda por la parte posterior. Esta costura puedes hacerla con remalladora o con zigzag.

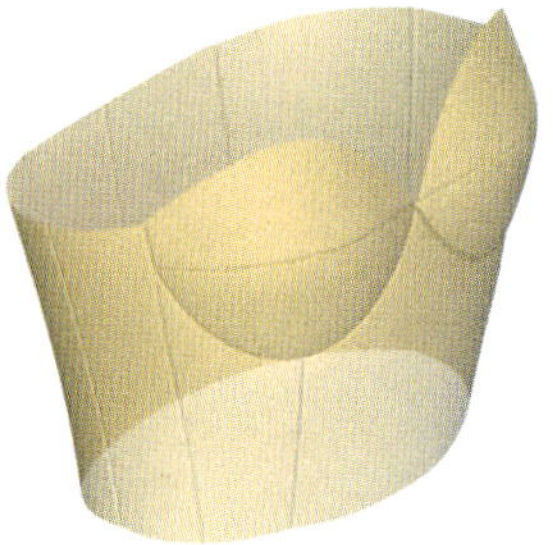

LA IMPORTANCIA DE LOS

MATERIALES

A la hora de enfrentarse al proceso de creación de una prenda es importante conocer los materiales con los que se va a trabajar para poder sacar el máximo de las posibilidades que tienen. Los tejidos se componen de fibras y es el origen de estas el que determina el tipo de material del tejido, principalmente natural, artificial o sintético.

Los tejidos de fibra natural provienen de la naturaleza, como su nombre indica, no sufren ningún tipo de transformación química y pueden ser de origen vegetal (algodón, lino, esparto, etc.) o animal (lana, seda, cuero, etc.). Al no ser procesados, consumen menos energía y generan menos residuos, pero su coste es más elevado.

Las fibras artificiales parten de un producto natural, pero que se transforma químicamente. Las más frecuentes son las que se derivan de la celulosa: rayón, viscosa, modal, lyocel, etc.

Por último, están las fibras sintéticas derivadas del petróleo, que requieren de una síntesis química para su elaboración. Son las más frecuentes porque no necesitan mucho mantenimiento y su coste es bajo, aunque debido a su proceso de creación son mucho más contaminantes. En este caso nos encontramos por ejemplo con las poliamidas, el poliéster, y también con el nailon o la licra.

Estas dos últimas fueron patentadas por la empresa americana DuPont. En los años cuarenta crearon unas medias de nailon que eran prácticamente irrompibles. Tan buenos fueron los resultados que los vendedores empezaron a temer que, si nunca se rompían, las mujeres no volverían a comprar un par de medias. La empresa entonces modificó el material para que fuera algo más frágil y con el uso se pudiera romper. Una década más tarde, Joseph Shivers, un químico que trabajaba también para DuPont, inventó la licra. El gran éxito de esta reside en que se puede estirar sin que se rompa y siempre recupera su estado original gracias a su flexibilidad y su longitud.

El vestido VINTAGE de los cincuenta

QUÉ TIPO DE VESTIDO ES

Nos lleva a la tendencia del *New Look,* apuesta del celebérrimo Christian Dior. Estamos en el periodo comprendido entre los años 1947 y 1954, donde encontramos un vestido de cóctel con cintura similar a la *guêpière*, término acuñado por Marcel Rochas, que no deja de ser un corsé renovado. La falda capa es el reflejo de la época de bonanza, donde el exceso de tejido está permitido. Los hombros del vestido son despejados y tiene un sutil escote corazón. La sencillez y el entalle del cuerpo nos permite poder jugar sobre él, añadiendo una pieza exterior superpuesta sobre la que trabajarás con la técnica del *moulage*, dando al vestido un estilo más sofisticado.

ASUNCIÓN BASTIDA

Hablar de los años cincuenta es hablar del estereotipo de feminidad elevada a su máxima expresión, donde las cinturas vuelven a encajarse y los volúmenes y el exceso de tejido vuelven a dar rienda suelta. Este momento está asociado a Dior, que pone de moda en toda Europa un estilo de vestido claramente inspirado en las flores, cinturas estrechas y faldas con gran volumen: el conocido *New Look*.

En nuestro país, nos encontramos con lo que actualmente es llamada la edad de oro de la alta costura española. Casas como El Dique Flotante, Pedro Rodríguez y la protagonista de este capítulo, Asunción Bastida hicieron de Barcelona un lugar para la moda y las tendencias.

En 1929, durante la Exposición Internacional, Barcelona sirve de muestra para las casas de moda catalanas y es el centro de producción textil de alta calidad. Es Bastida la que, con su taller en el Paseo de Gracia, consigue poder etiquetar sus prendas con la firma de Dior, y es aquí donde se juntan los dos caminos de ambos modistas, cada uno de ellos con dos recorridos bien diferentes y con resultados para nada parejos.

La historia de Bastida no deja de ser la de muchas mujeres de antaño, mujer que necesita de su marido para poder emprender su proyecto. Incansable, logra crear una de las casas de moda más reconocidas de la época que tuvo sedes tanto en Barcelona como en Madrid, y que desfiló en París, pero como tantas otras historias de entonces el tiempo las olvidó y dejaron de resonar en la crónica de la moda más conocida.

Su innovación abarca desde el uso de materiales para prendas de fiesta —supuso una revolución— hasta las piezas más deportivas. Fue precursora de introducir en España este tipo de indumentaria, que incluía el punto en sus diseños, además del uso del lino y el algodón para su línea más festiva. Con todo ello hizo más accesibles sus prendas al público general.

Qué
VAS A NECESITAR

Tejido tafetán. Necesitas un ligamento básico que confiera al vestido cierta rigidez, lo que favorecerá el volumen en la falda y te ayudará a crear también volúmenes en el cuerpo para trabajar con la técnica del *moulage.* Puedes encontrar este tipo de tejido en variedad de materiales que van desde los sintéticos, como puede ser el poliéster, hasta los más naturales, como es la seda. El tafetán de por sí es un tejido con bastante cuerpo, pero si quieres dar aún más volumen a la falda, le puedes añadir una especie de enagua hecha de tul, como el tutú de las páginas 62-77.

Cremallera invisible del tono del tejido de 22 cm.

Hilo al tono para máquina.

Hilo al tono para coser a mano. Puedes usar el mismo que utilices para trabajar a máquina.

Agujas y dedal.

Alfileres. Son necesarios para que vayas sujetando el trabajo sobre el maniquí.

Maniquí de costura o modista. Para realizar la técnica del *moulage.* En caso de que no dispongas de uno, puedes trabajar directamente sobre el cuerpo de la persona.

TRANSFORMACIÓN DEL

PATRÓN BASE

Para la transformación del patrón base y convertirlo en tu patrón de vestido has de dar una serie de pasos para modificar el delantero, la espalda y las mangas.

DELANTERO

Sitúate en el punto **A**, tal y como se muestra en el dibujo. Desde ese punto baja 12 cm en perpendicular al punto de origen, **C**. Esta será tu nueva línea de escote.

Para marcar el punto **D** debes subir 10 cm desde el punto extremo de la pinza. Después de fijar este punto, une el punto **C** con **D** realizando una línea suave con forma de corazón para que el escote quede más sofisticado.

Desde el punto **B** estrecha 2 cm de cada lado el nuevo patrón para marcar las nuevas pinzas. En la línea del bajo dibuja una forma más orgánica para que este siente mejor.

Para hacer las vistas de esta pieza crea un patrón igual, solo que el largo de la pieza será de 10 cm.

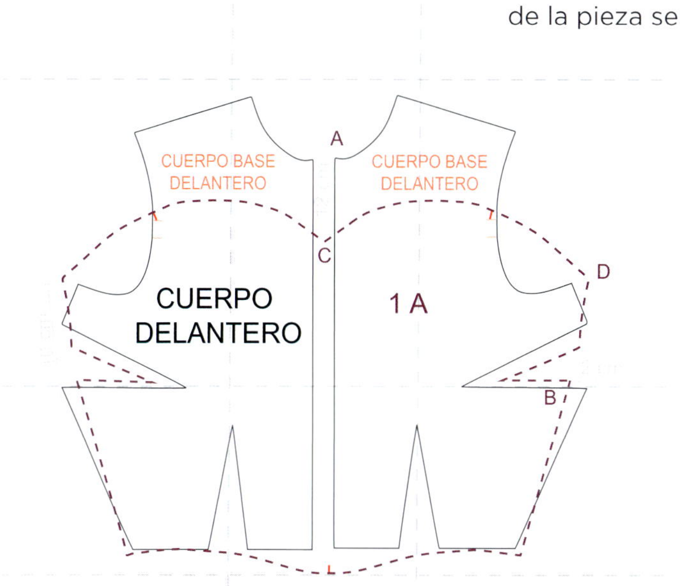

ESPALDA

Para hacer el nuevo patrón de espalda has de crear dos piezas simétricas al igual que en el base.

Sitúate en **A** y baja 20 cm para encontrar el punto más alto de la línea del escote de la espalda.

Para el punto **B** ponte a la misma altura de la sisa del base. Desde ese punto desciende en perpendicular 4 cm para crear la nueva línea del escote de la espalda.

Sube la línea del bajo 8 cm desde **C**, tal y como se muestra en el dibujo.

Haz los mismos pasos para las vistas, pero esta vez solo dale de largo a las dos piezas 10 cm como viene indicado en el dibujo.

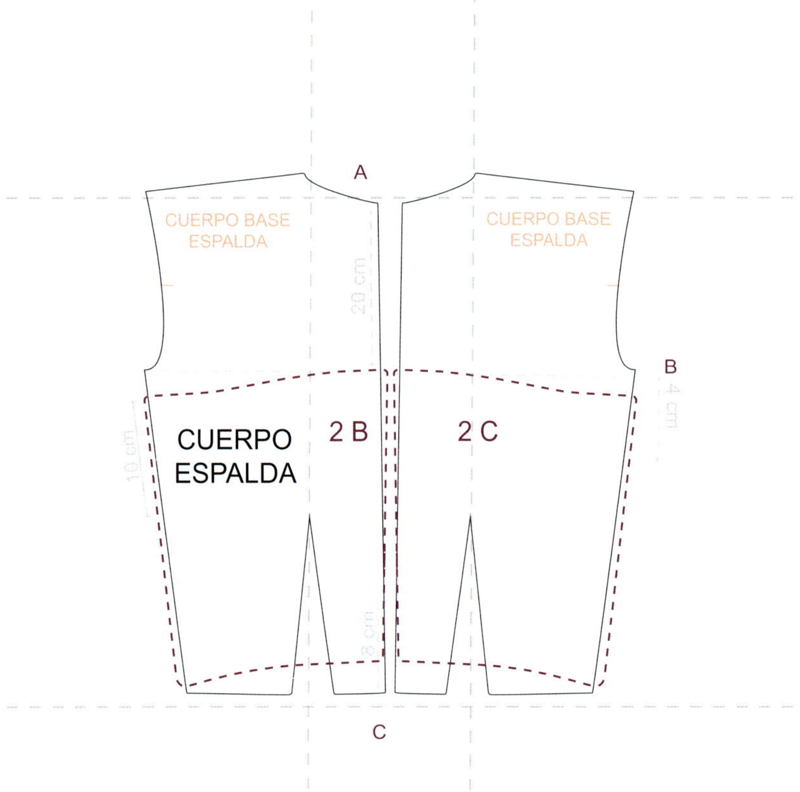

MANGAS

Para la manga, sitúate en el punto **A** (corona de la manga). Desde ese punto desciende 14 cm para crear la nueva línea de la manga. Desde ese punto, une con una curva cóncava los dos extremos de la manga base **(F y G)**.

Desde el bajo de la manga base, en la línea **D**, sube en perpendicular 9 cm. Para hallar el nuevo bajo de la manga encuentra los puntos **C** y **E** estrechando la nueva manga 6 cm desde el punto **E** y 8 cm desde el **C**.

Desde la línea **B** que marca las sisas del patrón base, estrecha 3 cm por ambos lados, también.

Para las vistas haz el mismo proceso que en las piezas anteriores, pero dándole un largo menor, en este caso de 5 cm, tal y como se indica en el dibujo.

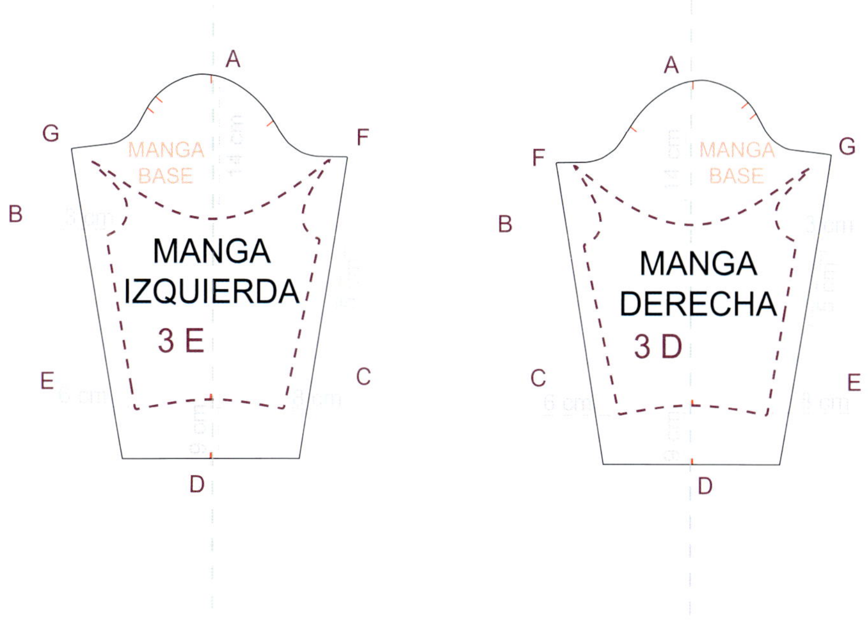

Si te resulta más fácil, siempre tienes la opción de trabajar solo con la mitad del patrón y después sacar la simetría del mismo. Al igual que con los patrones de cuerpo delantero y espalda, las mangas son simétricas, por lo que con que hagas una y saques la simetría de esta conseguirás las dos mangas.

LA MARCADA

En el primer dibujo encontrarás los patrones situados al hilo para poder cortar las piezas del vestido. En el segundo verás la forma que tendrá la falda capa, que no dejan de ser dos círculos concéntricos —para saber cómo hacer el patrón de la falda, ve al capítulo de cómo realizar una capa española, página 166—.

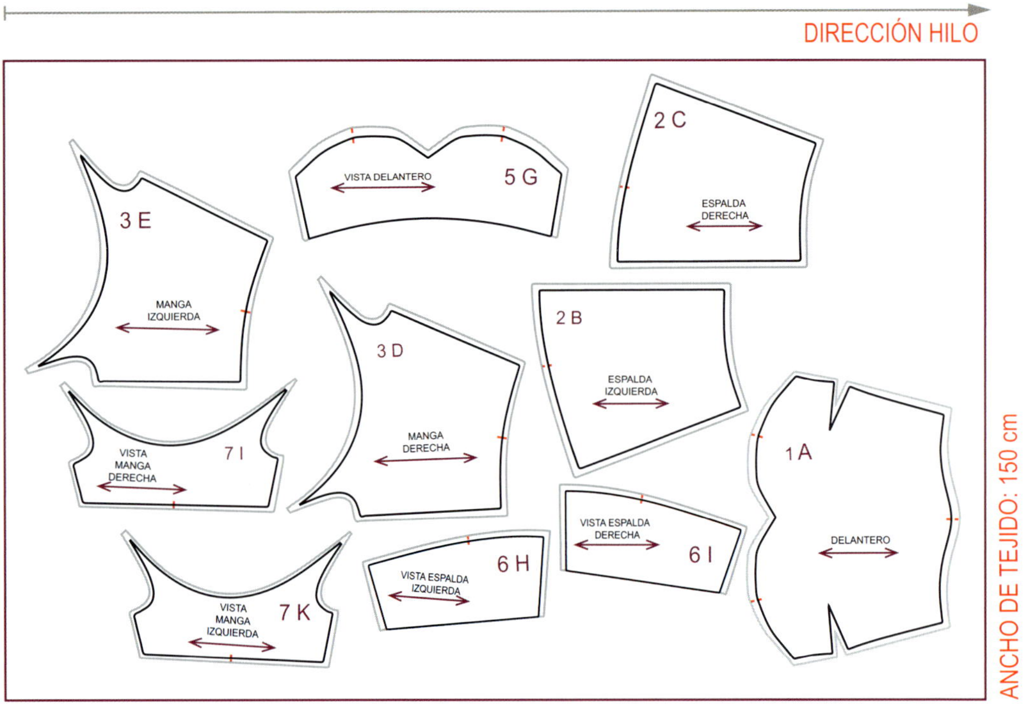

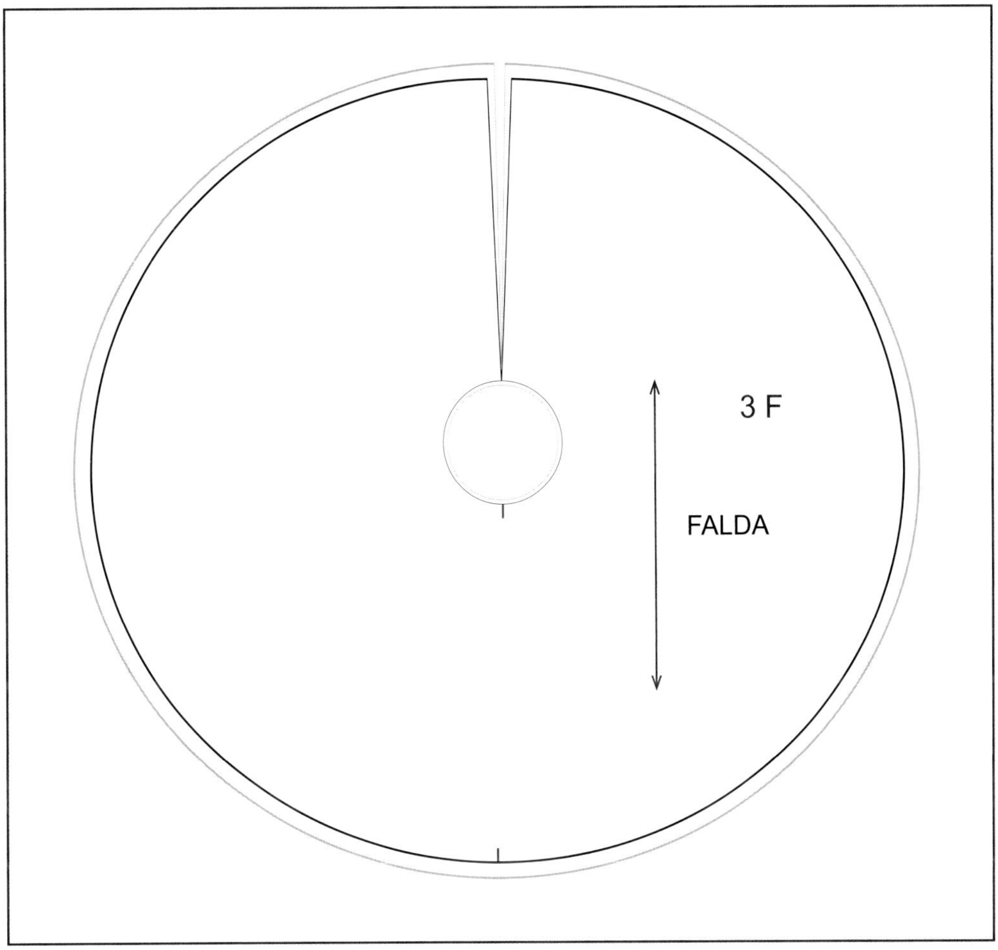

En este caso, al ser una falda tan larga y dado que la mayoría de los tejidos no tienen un ancho mayor de 150 cm, tendrás que hacerla a media capa, es decir, con dos costuras, como se explica en el dibujo. Si se acorta el largo, lograrás la falda capa deseada de una sola costura.

Si quieres añadir más volumen a la falda, haz una interior de tul con la misma cantidad de tejido que vayas a usar del principal, y el tejido principal deberás multiplicarlo por tres.

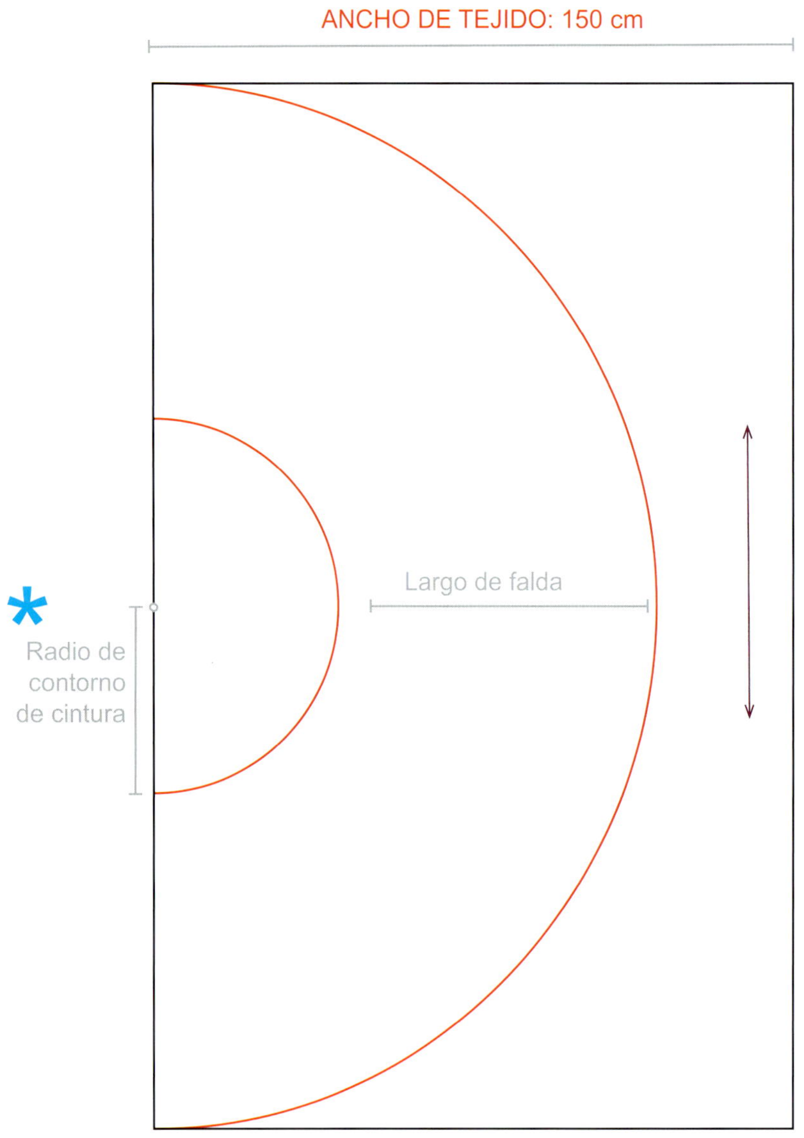

* $\text{Radio} = \dfrac{\text{Contorno de cintura}}{2\pi}$

TALLAS

Ancho 150 cm	S	M	L	XL
CUERPO	56 cm	65 cm	73 cm	82 cm
FALDA	375 cm	381 cm	387 cm	394 cm
MOULAGE	70 cm	80 cm	90 cm	105 cm
TOTAL	501 cm	526 cm	550 cm	581 cm

CONFECCIÓN

Antes de comenzar con el proceso de confección recuerda que debes añadir a las piezas 1,5 cm de más para que este sea el espacio de costura. Une las piezas según se muestra en los dibujos.

1. Cierra las pinzas del pecho, plancha la costura abierta e intenta dejarla lo más plana posible para favorecer más al pecho.

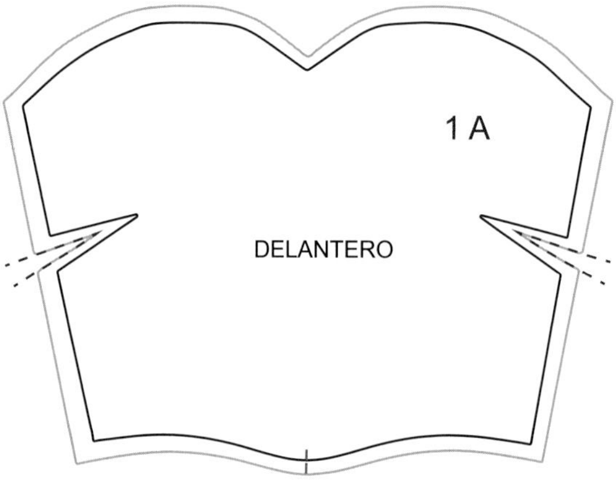

2. Cierra el costado derecho, uniendo la pieza de la espalda derecha con el delantero.

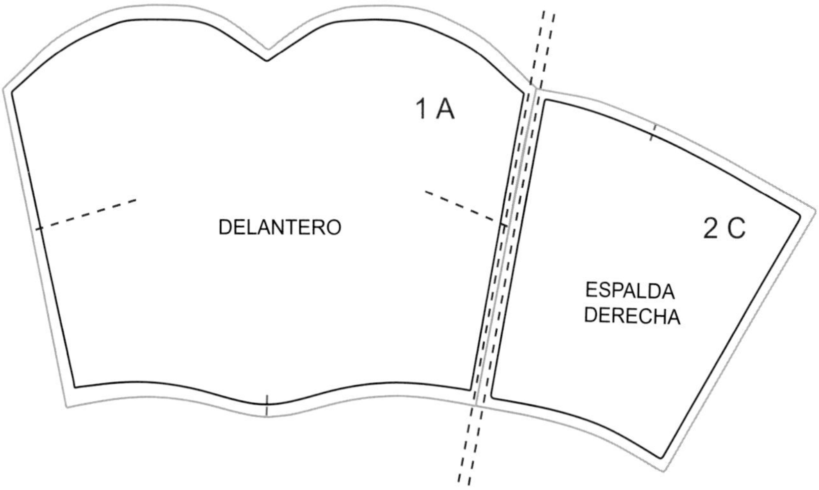

3. Repite el paso anterior en el lado izquierdo. No olvides ir planchando cada costura para dejarla lo más plana posible.

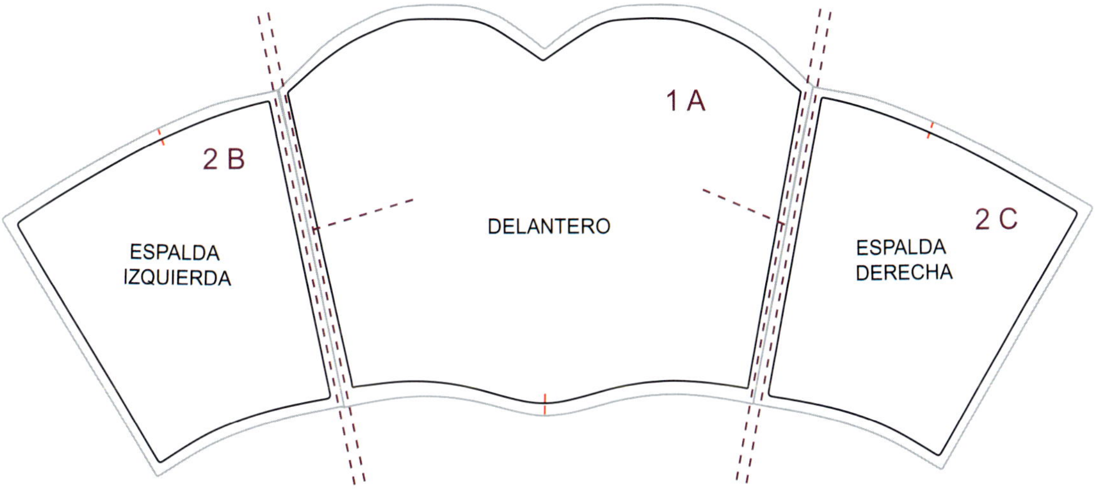

4. Cierra la manga sobre sí misma y cósela al cuerpo situando los puntos F y G (los mismos que has marcado en la transformación del patrón base de las mangas) sobre los piquetes marcados en el cuerpo.

Sitúa la costura de la manga con la costura del costado, sabiendo cuál es la parte del delantero y la de la espalda. Cose desde el costado hacia el piquete del delantero.

Realiza la misma operación con la espalda hasta llegar al piquete de la espalda. Realiza los mismos pasos con la otra manga.

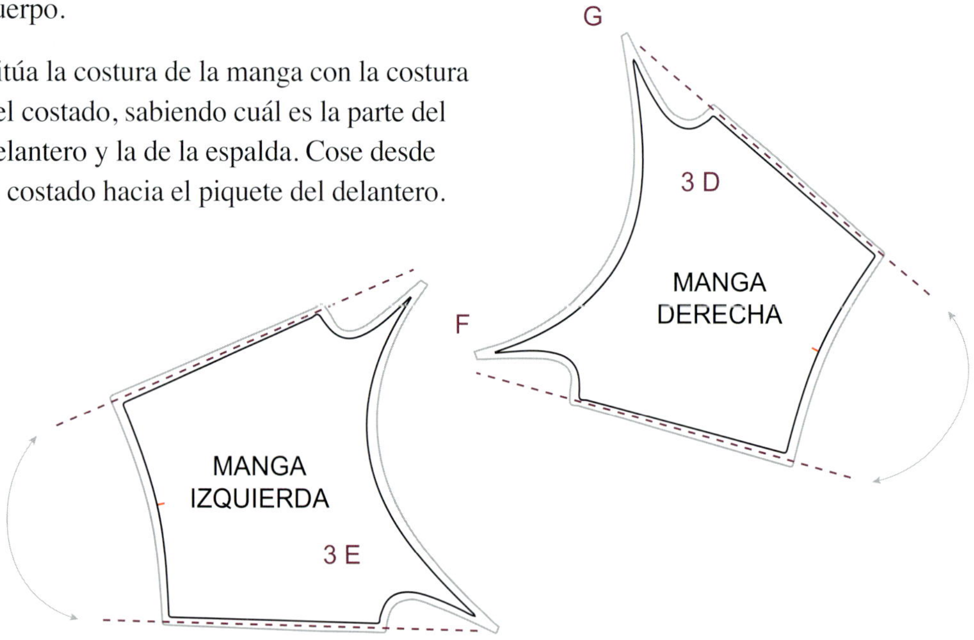

5. Cose las vistas. Cierra las vistas de la manga igual que cerraste las mangas en el paso anterior.

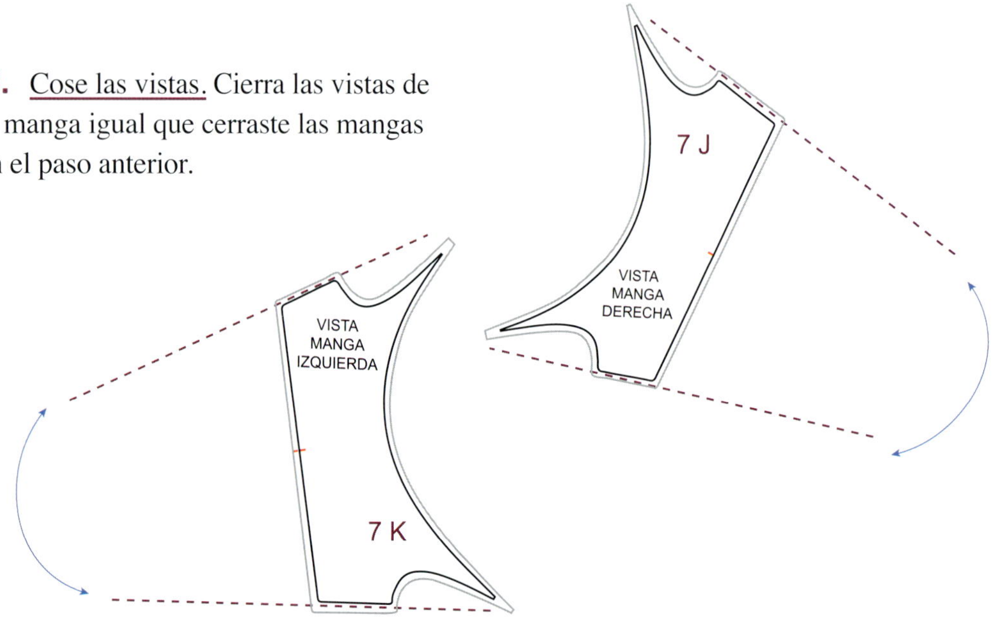

6. Cierra los costados de las vistas, uniendo la del delantero con las dos de la espalda. Sobrehíla o remalla la parte inferior. Recuerda que el largo de la vista del delantero debe llegar por debajo de las pinzas para que no se marque en el escote. La parte superior de la unión de estas vistas será lo que unas al cuerpo exterior del vestido.

Une las vistas de las mangas al delantero y la espalda siguiendo los mismos pasos que has realizado en el cuerpo exterior.

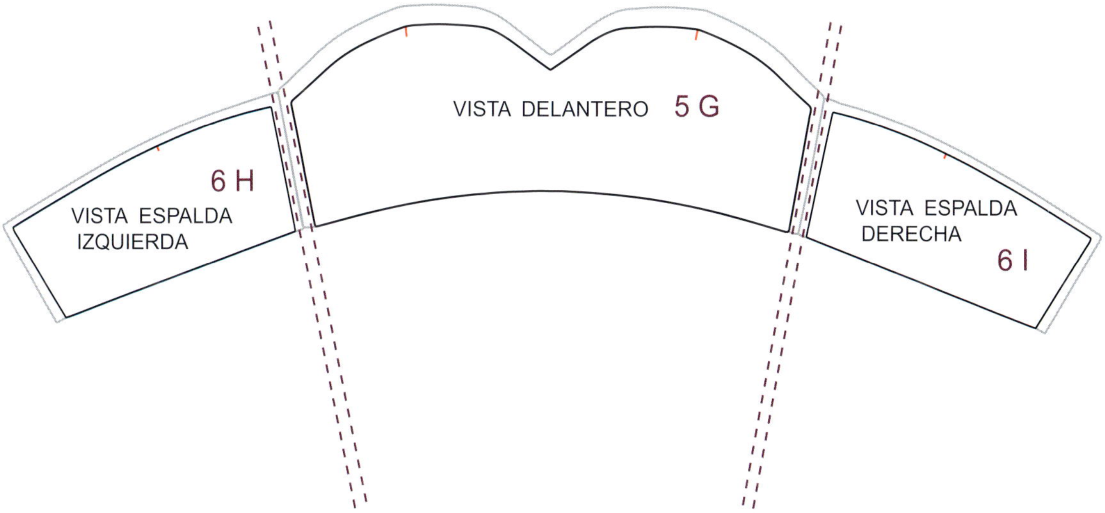

EL MONTAJE

7. Une las vistas con el cuerpo exterior a través del escote.

8. Remalla o sobrehíla ambos lados del corte que tiene la falda. Posteriormente la unirás consigo misma para crear la falda capa. Recuerda que la pieza de la falda la has confeccionado en la página 187.

9. Cierra la falda. Al ser una falda capa solo tendrá una costura, que posicionarás en la espalda. Deja unos 10 cm sin coser en la parte superior para luego añadir la cremallera. No olvides planchar todas las costuras abiertas.

10. Remalla o sobrehíla la parte superior de la falda y la inferior del cuerpo para unirlos más tarde.

11. Une la falda con el cuerpo. Posiciona en primer lugar el piquete delantero del cuerpo con el piquete delantero de la falda (marcado con una línea roja en el dibujo de la pág. 87) y cose.

12. Monta ahora la cremallera invisible. Extiende el cuerpo y la vista para hacerlo. El trozo de cremallera que te sobra del cuerpo es el que tienes que montar en los 10 cm de falda que has dejado sin coser.

13. Realiza el dobladillo del bajo a unos 5 cm y a 2 cm de las mangas. En este caso hazlo cosiendo a mano.

14. Después de tener el vestido, crea la pieza más especial a través de la técnica *moulage*, explicada en la página siguiente.

LA TÉCNICA

MOULAGE

El moulage —palabra tomada del francés, aunque también se utiliza el término inglés *draping* o modelado— es una forma de crear volumen, que es uno de los objetivos que tiene el patronaje. A partir de aquí puedes realizar prendas adaptadas al cuerpo, pliegues, drapeados, etc.

Esta técnica te invita a trabajar desde cero sin necesidad de coser desde el primer momento. Consiste tan solo en ir creando según lo que te sugieren las formas o las propiedades del material, según la caída que tiene o su consistencia, e ir jugando sobre la prenda.

Debes ir sujetando los avances en el proceso con alfileres para después coser de forma definitiva.

En nuestro caso, toma el tejido restante que te ha sobrado del corte y trabaja una pieza sobre la que después crear un sobrecuerpo.

La idea es que puedas jugar con ella y añadirla a otras prendas, sin unirla directamente al vestido y dejarla solo superpuesta.

Partiendo del vestido base, es una manera de trabajar aparentemente sencilla que guarda su dificultad en cómo sujetar los efectos creados para que sean permanentes sobre el cuerpo, para lo cual debes ayudarte de la costura, que necesitas que sea a mano. Fíjate en las fotos para ver el proceso, pero no dejes de explorar con el tejido.

LA
TÚNICA

QUÉ TIPO DE PRENDA ES

Las túnicas griegas y romanas son conocidas como prendas no anatómicas que fueron evolucionando a lo largo de los siglos. Comenzaron siendo ropa interior —tanto masculina como femenina—, y derivaron luego en el concepto de camisa, que durante la Edad Media fue un atuendo fundamental para protegerse la piel de telas más bastas y que con los años pasó a ser ropa exterior, sobre todo para la mujer, cada vez con tejidos más enriquecidos.

La túnica que vas a hacer tiene influencia de los caftanes árabes. No deja de ser una prenda sencilla: un cuerpo con mangas al que se le añade un elemento decorativo, el petillo, que hará que luzca más. Utilizarás la técnica del tintado natural para dar un color distinto al tejido y hacer la pieza aún más especial.

EMILIE FLÖGE Y LA ELEGANCIA

La mejor presentación que se le puede hacer a Emilie Flöge es la de que fue una mujer adelantada a su tiempo. Además de ser la mujer que aparece en *El beso,* uno de los cuadros más reproducidos de la historia, del famoso Gustav Klimt, fue una diseñadora transgresora y reivindicativa que innovó creando un tipo de indumentaria mucho más libre y cómoda. Sus diseños están presentes en muchas otras obras de Klimt, mutuamente se influyeron en sus diferentes expresiones artísticas.

Precursora del conocido vestido reforma, removió los cimientos de una moda dominada por los corsés, el exceso y los volúmenes con formas, texturas y patrones para crear prendas que tuvieran como objetivo una mujer más libre, que pudiera moverse con más facilidad.

Estableció su casa de costura, con sus hermanas, las Flöge, en *Mariahilfer Strasse,* una de las calles que sigue siendo de las más comerciales de Viena. Contaba con un taller y varias empleadas. Era un espacio efervescente en el que no paraba de entrar y salir gente, con una decoración muy adaptada a los gustos modernistas de finales del XIX que, además, había diseñado el arquitecto Josef Hoffmann. Todo el estudio respiraba *art nouveau,* desde las prendas de vestir y las joyas hasta el mobiliario y los cuadros.

Le fascinaba la pintura y los pequeños detalles, por eso sus prendas estaban llenas de estampados. También fue una enamorada de la fotografía —se conservan algunas de las sesiones de fotos junto a Klimt—. La casa permaneció abierta como espacio donde albergar cultura y la mayor de las vanguardias hasta la ocupación nazi de la capital austriaca. Después de aquello, Emilie continuó creando, pero desde otros lugares y disciplinas. Dejó su huella en la moda y aportó una nueva visión, llena de elegancia, libertad y modernidad.

Qué
VAS A NECESITAR

Tejido de fibra natural para la túnica. Puedes usar lino, algodón, lana u organza de seda. Para cualquiera de las opciones necesitarás que el tejido no esté teñido previamente, sino que esté en su color natural. Verás más adelante que en cada uno de los casos deberás realizar un proceso de mordentado del tejido con el fin de abrir las fibras para introducir el nuevo tinte y dar color a la tela.

Tejido de fibra natural para el petillo. Te propongo que utilices lino, pero puedes optar por otro tejido que sea de fibra natural y que no esté teñido previamente.

Hilo al tono para máquina. Que sea de unos 120.

Para el tintado:

- 50 miligramos de cúrcuma en polvo por cada 2 litros de agua para la túnica.
- 5 gramos de cochinilla por cada litro de agua para el petillo.

LA TÉCNICA DEL

TINTADO NATURAL

En este caso, utilizaremos seda natural, pues precisa de una menor preparación para el proceso de teñido. Tinta previamente todo el tejido con cúrcuma y luego ya cortarás el necesario para realizar la prenda después de transformar el patrón.

Para teñir el petillo de lino usa la cochinilla, un tinte de procedencia natural. Al igual que con la túnica tiñe todo el tejido y posteriormente corta la pieza que vas a confeccionar.

La cochinilla es un insecto que en España se puede encontrar en la zona de Canarias. Se da en plantas locales como la tunera. Este tinte es conocido desde la época de los aztecas, que ya lo usaban. La cochinilla, tras secarse y reducirse a polvo, se convierte en uno de los tintes naturales más espectaculares. También se puede comprar sintética en forma de colorante (E124).

Tanto con la seda como con el lino necesitas antes hacer un proceso de mordentado o de limpieza. Esto quiere decir sumergir en agua con sal los tejidos que vayas a teñir durante 30 minutos y escurrirlos muy bien después. Así lograrás que los tintes se fijen bien en la fibra.

TINTADO CON CÚRCUMA EN SEDA

Necesitas el tejido en crudo y 50 miligramos de cúrcuma en polvo por cada 2 litros de agua. Después de realizar el proceso de mordentado, vierte los 2 litros de agua en un recipiente, añade la cúrcuma en polvo y ponlo al fuego. Sumerge la seda y deja cocer sin que llegue a hervir durante 30 minutos.

Una vez transcurrido el tiempo, seca al aire y plancha antes de pasar al proceso de confección.

TINTADO CON COCHINILLA EN LINO

Después de realizar el proceso de mordentado, machaca la cochinilla en un mortero hasta que quede reducida a polvo. Necesitas 5 gramos de cochinilla por cada litro de agua.

Elige la forma con la que quieres estampar tu petillo. Puedes doblar la pieza de tejido de lino repetidas veces en vertical, como haciendo un plisado, y hacer pliegues sobre sí misma. En la última doblez haz nudos con pequeñas gomas.

Vierte el agua en un recipiente, añade la cochinilla machada —o el colorante sintético— y ponlo al fuego. Sumerge el lino y deja cocer sin que llegue a hervir durante 30 min. Seca al aire y plancha antes de pasar al proceso de confección.

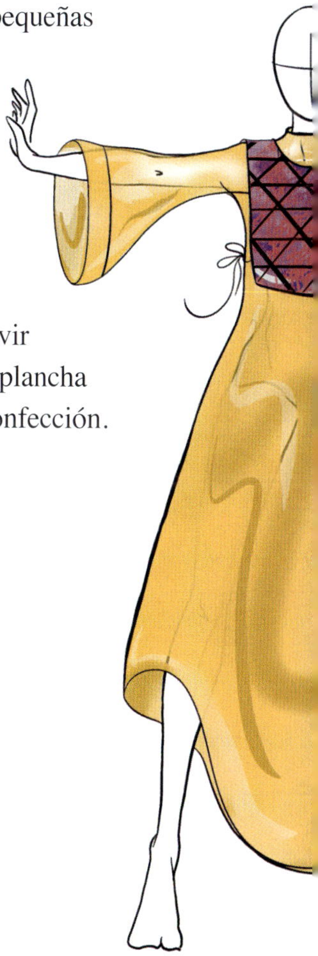

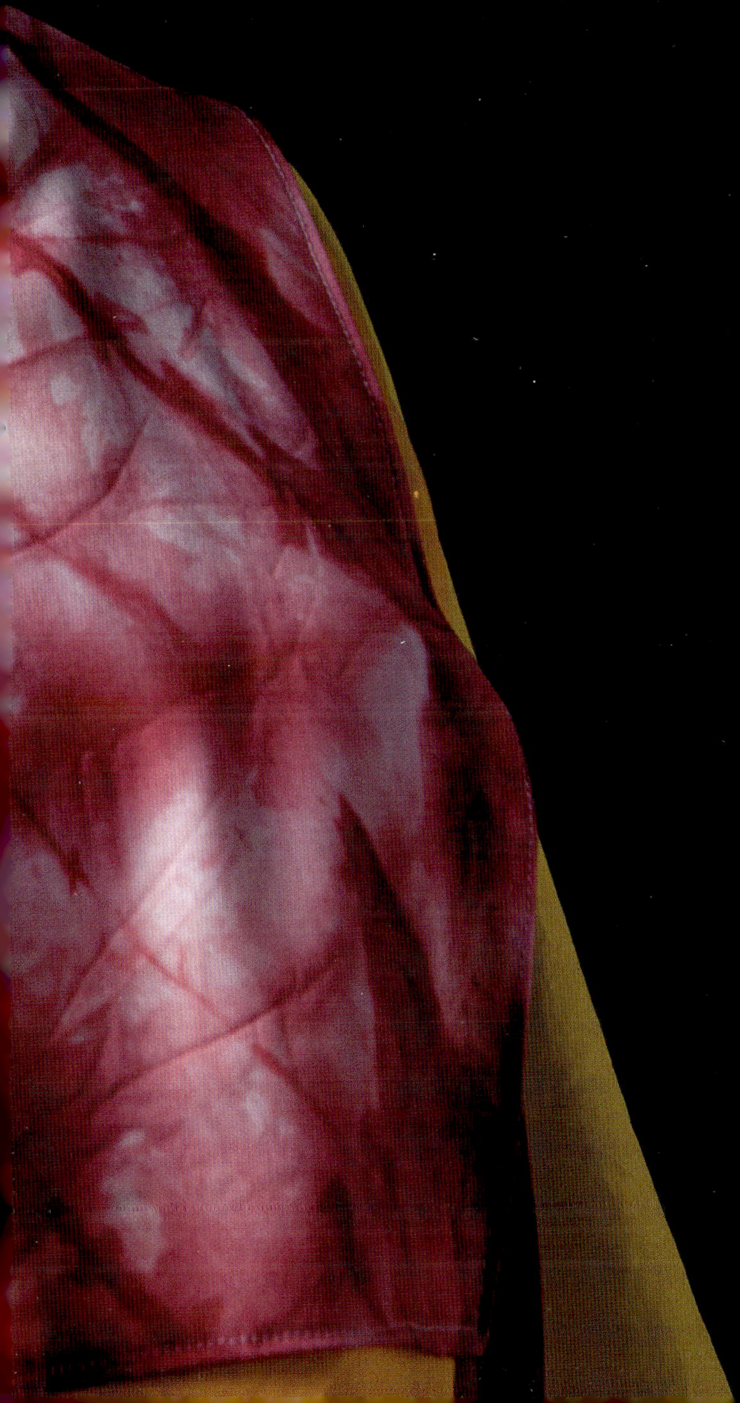

TRANSFORMACIÓN DEL

PATRÓN BASE

Una vez que ya tienes todo el tejido teñido y seco puedes pasar a transformar el patrón base y convertirlo en el de tu túnica. Para ello, has de dar una serie de pasos para modificar el delantero, la espalda y las mangas.

Crearás el patrón del petillo directamente, no se transforma ninguno de los patrones base para hacerlo.

DELANTERO

Trabaja con la mitad del patrón puesto que la pieza es simétrica. El patrón transformado de la túnica tiene algunas partes muy similares al base del que partirás.

El largo del hombro es el mismo, 13 cm. Desde la punta del hombro traza una perpendicular de 21 cm hasta que corte con la línea de la pinza de pecho. Desde ese punto marca 9 cm para alargar la pinza del pecho.

Sitúa el bajo de la nueva prenda a 43,5 cm desde el bajo del patrón de la falda base del delantero. Desde el cuello baja 126 cm para marcar el largo del delantero.

Para conocer el ancho de la nueva pieza marca 29,5 cm desde la línea del bajo de la falda base. Traza una línea desde el nuevo extremo de la pinza del pecho pasando por este punto nuevo que acabas de crear hasta llegar a los 80 cm. Une con una línea curva hasta llegar al nuevo largo del delantero (126 cm).

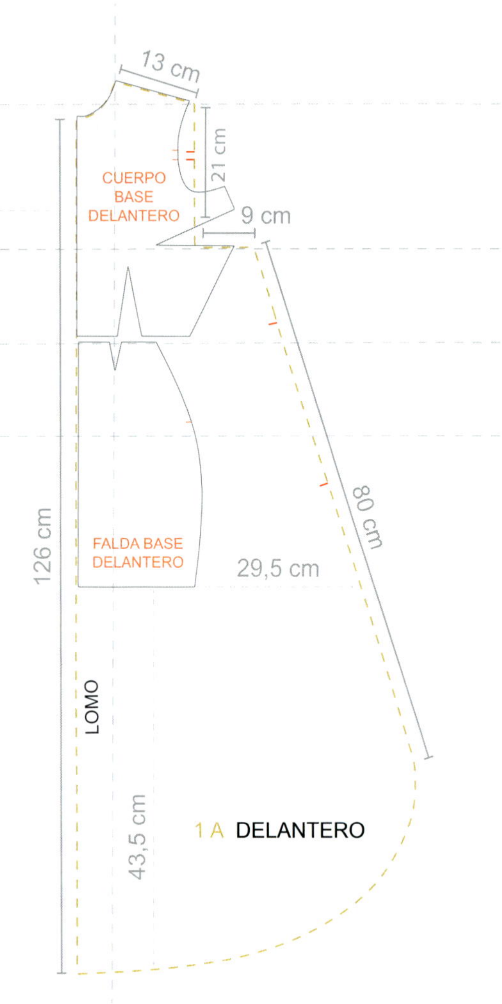

ESPALDA

Realiza los mismos pasos que para el delantero. Sitúate al final de la línea de hombro y desde ahí traza una perpendicular de 19 cm hasta que corte con la línea de la pinza del pecho. Desde ese punto traza una línea de 8 cm para alargar la pinza del pecho.

Baja 47,5 cm desde la línea del bajo del patrón base para crear el nuevo bajo de la prenda y amplía el ancho de la nueva pieza a 35 cm también desde la línea del bajo del patrón base. Dibuja una línea desde el nuevo extremo de la pinza del pecho pasando por el nuevo punto que acabas de crear hasta llegar a los 80 cm.

Para marcar el largo de la espalda haz una línea de 132,5 cm desde el cuello. Une con una línea curva este punto con el del ancho de la prenda.

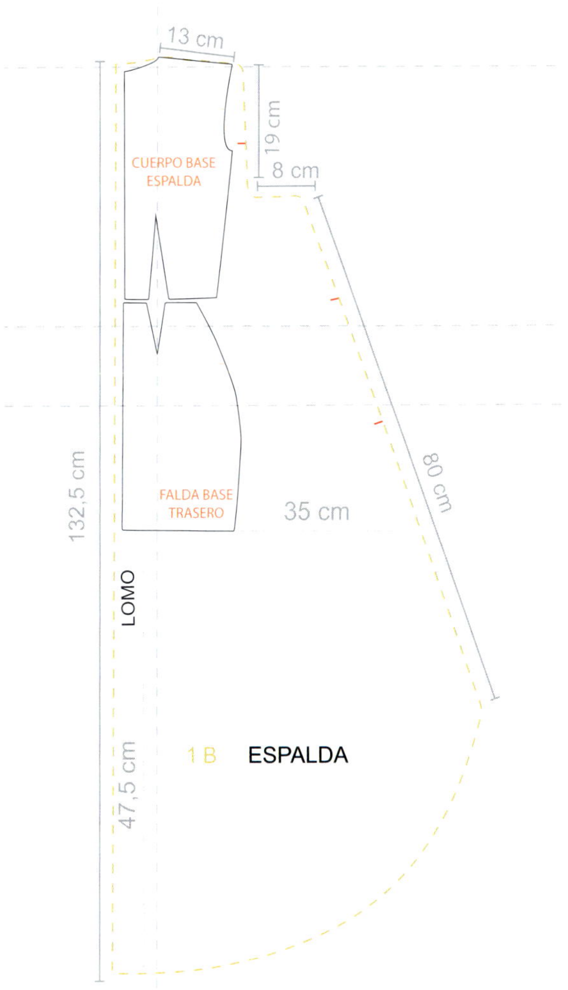

MANGAS

La manga estará compuesta de dos piezas simétricas. Dibuja un rectángulo de 48 x 76 cm y divide el lado de 76 cm en dos partes de 38 cm. Desde los extremos marca 18 cm para crear el otro de la manga.

Debes hacer dos veces cada pieza, ya que en el proceso de confección unirás las dos piezas de la manga de la espalda y las dos de la manga del delantero.

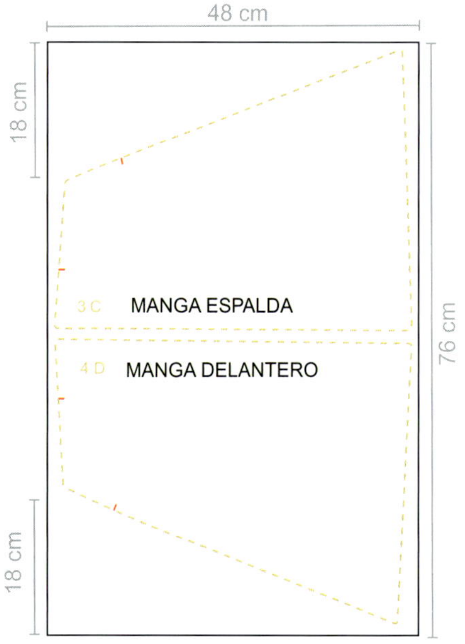

PETILLO

Dibuja un rectángulo de 17 x 38 cm. Desde el punto **A** realiza la bajada de escote para ambas piezas, tanto para el delantero como para la espalda, bajando 8 cm.

Tanto en el petillo delantero como en el de la espalda habrá que trazar el largo del hombro que es de 10 cm desde el punto **B** hacia el centro.

Ambas piezas no son simétricas. El petillo delantero no tendrá bajada de hombro. En cambio, la espalda del petillo tendrá una inclinación de 4,5 cm que macarás desde **B** hacia abajo.

Para anudar en los lados el petillo, crea cuatro tiras del mismo tamaño. Para ello dibuja cuatro rectángulos de 40 x 4 cm.

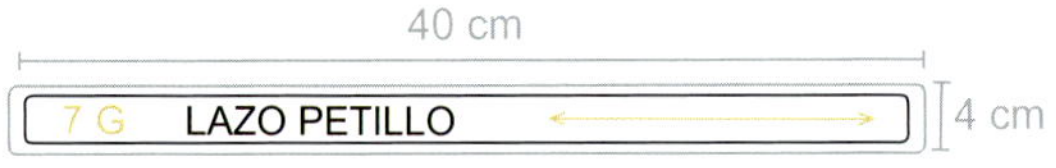

LA MARCADA

En el dibujo encontrarás los patrones situados al hilo para poder cortar las piezas de la túnica.

Puedes trabajar este patrón de varias maneras. A continuación, está la opción de hacerlo con las piezas a lomo. Es la mejor para el aprovechamiento del tejido, pero cuentas con costuras en el centro del delantero o de la espalda en función de cómo sitúes las piezas. La otra opción es trabajar con las piezas enteras, pero estarías gastando mucho más tejido.

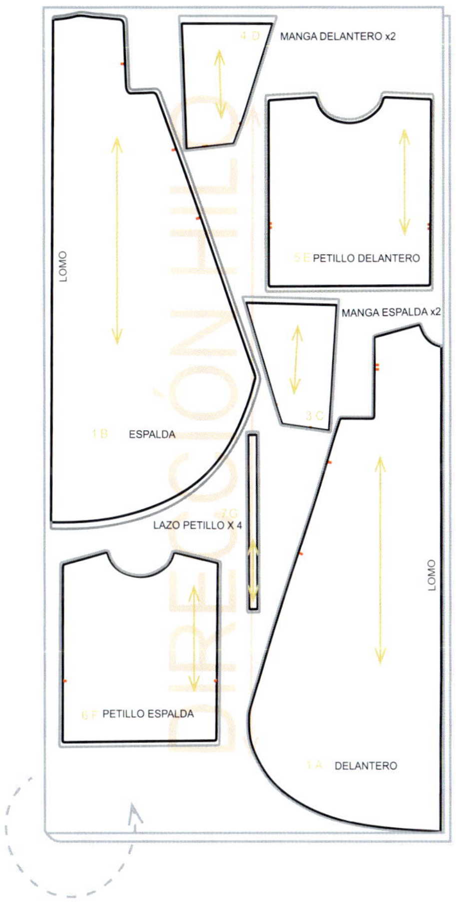

TALLAS

Ancho 150 cm	S	M	L	XL
TEJIDO PRINCIPAL	260 cm	267 cm	270 cm	277 cm
TEJIDO PETILLO	0,50 cm	0,50 cm	0,50 cm	0,50 cm

CONFECCIÓN

Antes de comenzar con el proceso de confección recuerda que debes añadir a las piezas 1 cm de más para que este sea el espacio de costura. Une las piezas según se muestra en los dibujos.

1. Une los hombros y los costados con una costura simple a 1 cm y a continuación remalla las piezas ya unidas entre sí. También puedes remallar o sobrehilar las piezas por separado y luego unirlas. En este caso, una vez terminada la prenda, haz una costura de refuerzo a 0,5 cm. Esto sirve para darle un aspecto diferente a la prenda.

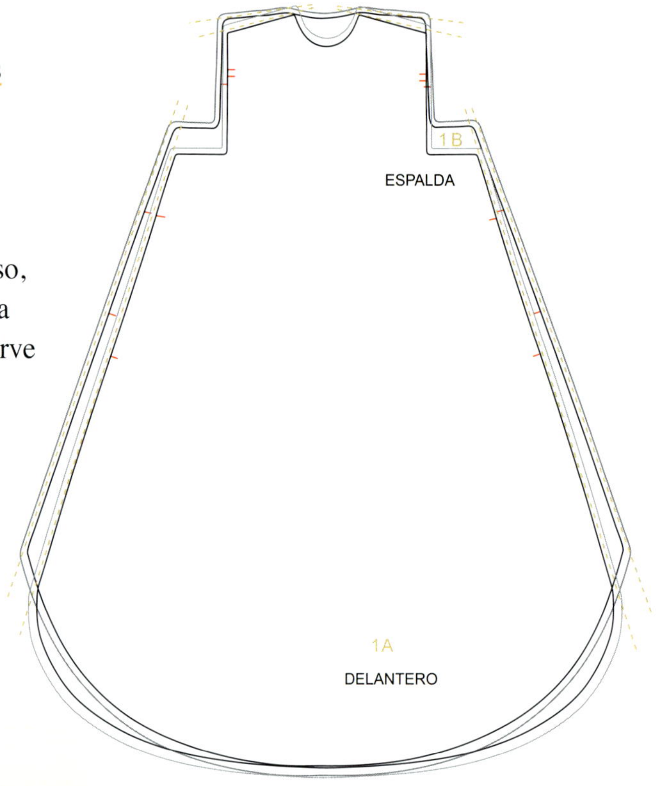

2. Une las mangas por la costura central que la divide en dos piezas y luego ciérralas sobre sí mismas.

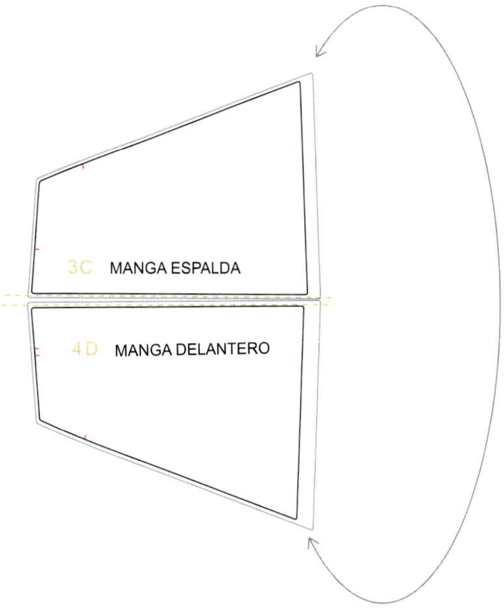

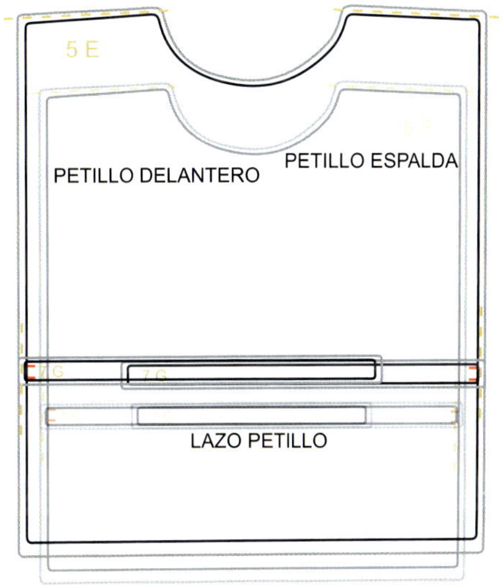

3. Cose los lazos que has creado para unir el petillo sobre sí mismos para que tengan 2 cm de ancho. Recuerda hacerlo por el revés para después dar la vuelta a las piezas. Plancha los cuatro lazos.

Para el petillo, une el delantero y la espalda por los hombros. Coloca los lazos y cóselos hacia dentro. Da la vuelta a la prenda y encara derecho con derecho para coser todas las piezas a 1 cm. No olvides dejar unos 3 cm sin coser para poder girar la pieza entera. Una vez cosida, da la vuelta a la prenda y saca bien las esquinas.

Plancha y pasa una costura, esta vez ya por el derecho, alrededor de todo el petillo.

EL MONTAJE

4. Una vez que las mangas estén cerradas, únelas al cuerpo terminado y añade por encima de la túnica el petillo.

5. Cierra los lazos del petillo por ambos costados. El petillo y la túnica los puedes llevar también de forma independiente.

La GABARDINA

QUÉ TIPO DE PRENDA ES

La gabardina es un abrigo de entretiempo, resistente e impermeable, pero sofisticado. Tiene unos detalles muy característicos, y es fácil de combinar con cualquier *look* informal o incluso más formal. En este caso vas a crearla con un material especial, ya que se trata de un tejido de lona de los que se usan para los toldos de los balcones.

Tiene unas propiedades similares a las del tejido que se utiliza para confeccionar las gabardinas más tradicionales porque es un tipo de algodón con un recubrimiento especial que hace que sea repelente al agua.

DEL MUNDO MILITAR AL HOLLYWOOD CLÁSICO

El tejido impermeable tan característico de la gabardina fue patentado por primera vez en 1823 por Charles Macintosh. Sin embargo, la prenda en sí fue concebida en Reino Unido por el conocidísimo Thomas Burberry años después y, como muchas otras, tiene su origen en el ejército. Durante la Primera Guerra Mundial, la gabardina se adapta a los uniformes militares británicos para que los soldados en el frente pudieran resguardarse de las inclemencias meteorológicas. De ahí que se la conozca también como *trench coat* o abrigo de trincheras.

En un primer momento no tuvo la aceptación que se esperaba por parte del gran público. No fue hasta la década de los cuarenta, cuando empezó a aparecer en el cine de Hollywood, que se popularizó y pasó a ser de uso cotidiano por la población civil, tanto por hombres como por mujeres. Sobre todo, por ser una prenda muy funcional y versátil, por sus bolsillos y porque podía ser usada en diferentes ambientes, tanto en el campo como en las ciudades.

Detectives, espías, agentes secretos o policías, personajes con un halo de misterio que obtenían en parte gracias al uso de la gabardina. Humphrey Bogart en *Casablanca* o Audrey Hepburn en *Desayuno con diamantes*, vestidos con sus gabardinas, forman parte del imaginario colectivo convirtiéndose, sin duda, en iconos de moda. Aunque podemos decir que esta prenda no ha perdido presencia en el cine ya que hemos visto como Daryl Hannah le daba un toque más moderno en *Kill Bill* y hasta el mismísimo Clark Kent escondía su verdadera identidad tras una gabardina y unas gafas.

Qué
VAS A NECESITAR

Tejido de lona. Suele llevar una base de algodón con poliéster. Este tejido es fuerte y duradero también por la propia construcción que tiene.

Hilo al tono para máquina. Es recomendable que escojas uno que sea fuerte y, por tanto, un poco más grueso, tipo torzal.

Nueve botones.

Cinta de bies de algodón de 1,5 cm. Es más fácil si la compras la que ya viene conformada.

Hebilla de cinturón.

TRANSFORMACIÓN DEL

PATRÓN BASE

Para la transformación del patrón base y convertirlo en tu patrón de gabardina has de dar una serie de pasos para modificar el delantero, la espalda y las mangas.

DELANTERO

Toma como referencia el patrón base, tanto de cuerpo como de falda. Sitúalos uno encima del otro de forma que tengas una pieza completa.

Coloca el nuevo hombro a 1,5 cm por encima del que estaba antes dibujado en el patrón base **(A)**. Traza una línea que pase por ese nuevo punto y que tenga un largo de 22 cm.

Desde este punto hasta el principio de la pinza de pecho, situada en el patrón base **(B)**, dibuja la nueva sisa. Traza la línea de costado desde ese punto en línea recta hacia abajo 113 cm. El bajo será una perpendicular de 40 cm.

Para dibujar la línea de centro de la prenda, en este caso se superpone un delantero encima del otro, ya que se trata de una prenda que se cruza. Desde el punto del bajo más interior **(C)** traza una perpendicular hacia arriba que llegue a cortar con la línea del hombro **(D)** y desde el punto más alto del hombro traza una oblicua de 41 cm que corte con el centro del delantero.

El inicio de la abertura del bolsillo sitúalo a la altura del piquete del costado del patrón base del delantero de la falda.

El botón superior colócalo a 10 cm del comienzo de la abertura del bolsillo y el ojal a 10 cm de la posición del botón. El botón queda situado a 3 cm de la línea de centro del patrón.

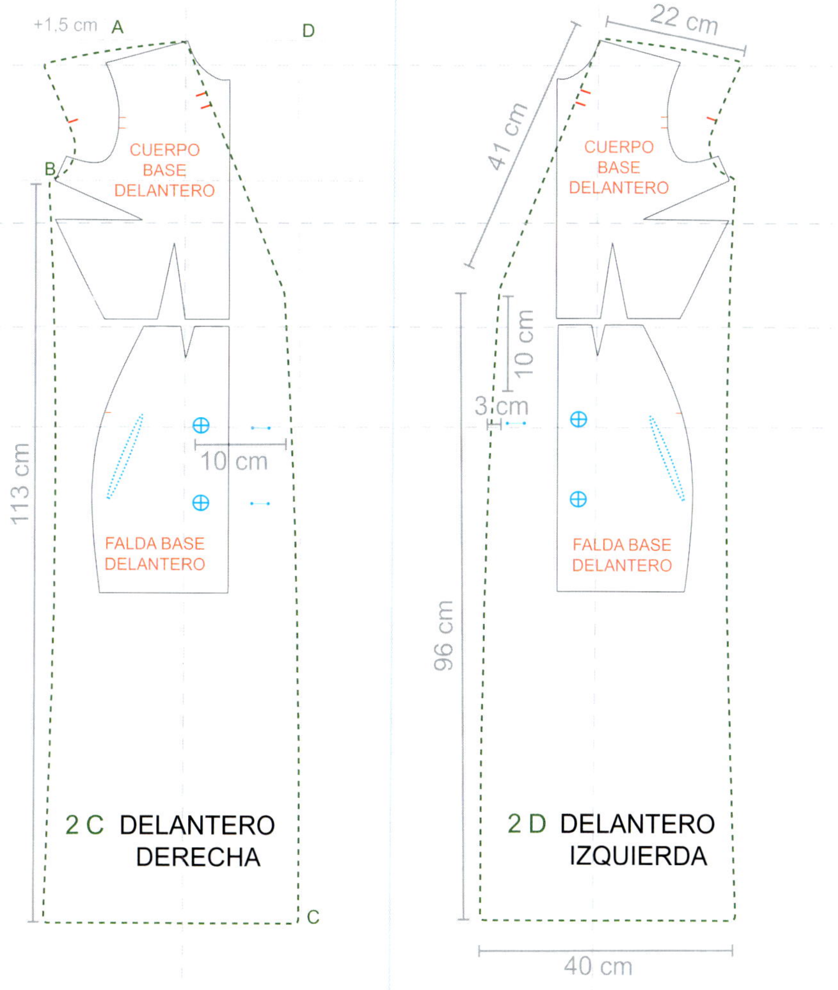
+1,5 cm
A
D
B
CUERPO BASE DELANTERO
113 cm
10 cm
FALDA BASE DELANTERO
2 C DELANTERO DERECHA
C
22 cm
41 cm
10 cm
3 cm
96 cm
CUERPO BASE DELANTERO
FALDA BASE DELANTERO
2 D DELANTERO IZQUIERDA
40 cm

ESPALDA

Une el cuerpo base de la espalda con el trasero de la falda base. Sitúalos uno encima del otro de forma que tengas una pieza completa.

Dibuja el nuevo contorno del patrón. Este tendrá casi el mismo escote y el largo de hombro será de 22 cm. Sitúa la sisa a la misma altura y forma que en el base.

Desde la punta de la sisa del costado **(A)** traza una línea descendente de 113 cm. Pasará a ser tu nueva línea de costado exterior. Y desde el final de esta línea **(B)** escuadra para crear el bajo, una línea de 30,5 cm. Dibuja otra línea de 133 cm desde el cuello, este será el largo del otro costado.

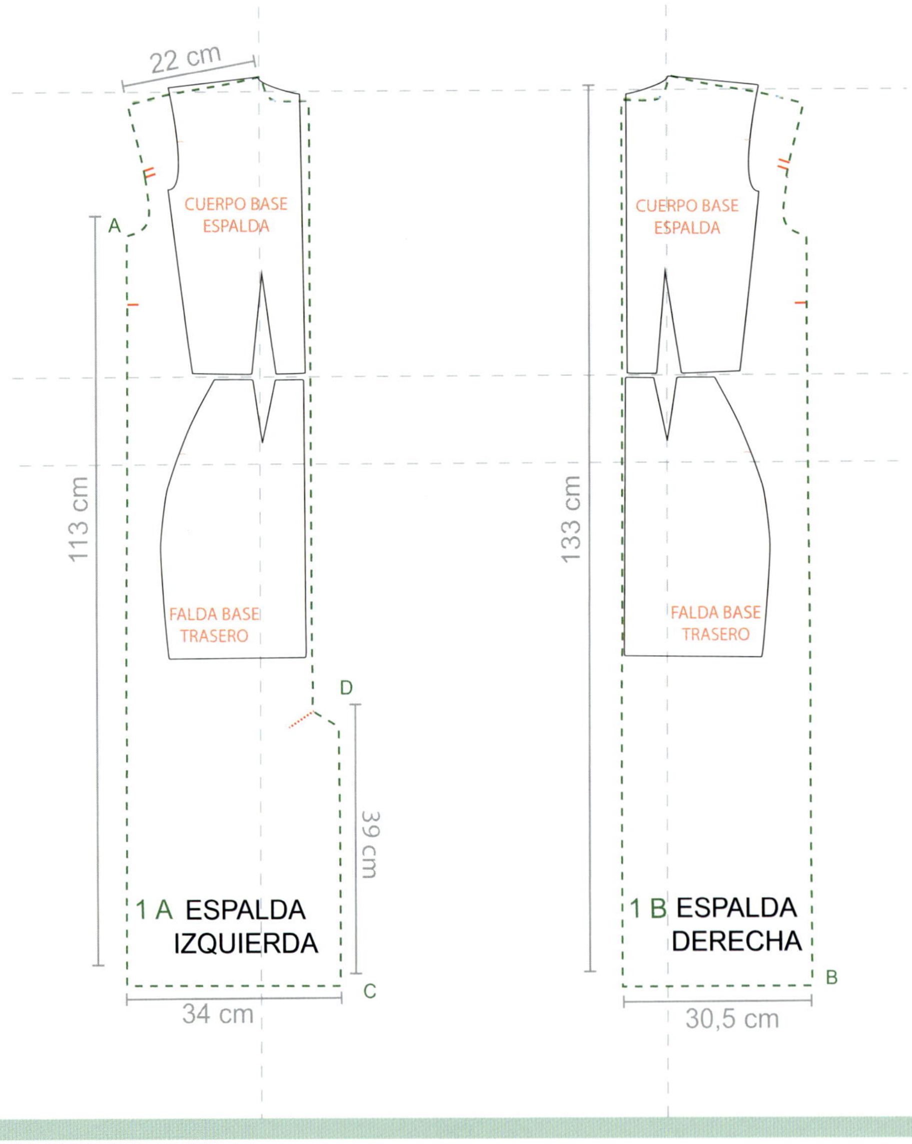

Para crear el patrón de la espalda izquierda sigue los mismos pasos que en el de la espalda derecha. En este caso, el bajo será de 34 cm. Crea una perpendicular desde C subiendo en paralelo a tu línea de costado de 39 cm de altura y únela al centro de espalda **(D)** a partir de una diagonal. Hará que el centro de espalda tenga una abertura —en el punto 2 de la página 127 del apartado de «Confección» verás para qué sirve—.

MANGAS

Para encajar la manga dibuja un rectángulo de 40,5 x 55 cm, y divídelo por la mitad a lo largo. Para trazar el bajo, dibuja sobre la línea de corte 15 cm a cada lado. El largo del bajo será de 30 cm en total.

Sitúate en **A** que será la mitad de 40,5 cm. Desde ese punto baja 8 cm y traza una línea paralela al lado superior del rectángulo. En el punto que corte con el lado derecho del rectángulo sitúa el punto **C**. El punto **B** será el resultado de subir 2 cm desde el punto de corte con el lado izquierdo del rectángulo. Traza una curva que una los puntos **B, A** y **C.**

Baja 47 cm desde **B** y 45 cm desde **C** hasta cortar con la línea de bajo que acabas de marcar.

Dibuja la manga izquierda de la misma manera, son simétricas.

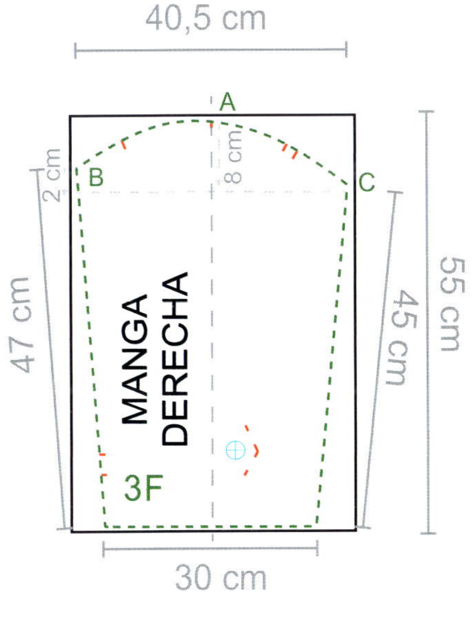

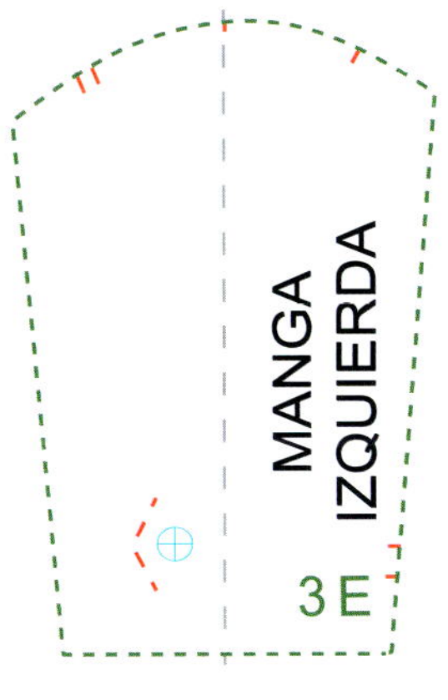

CUELLO

Dibuja un rectángulo de 20,5 x 64 cm y divídelo por la mitad, dejando 32 cm a cada lado.

Una de las palas del cuello tendrá 22,5 cm, que mediremos del punto **C** al **B**. Traza desde **C** una línea curva que pase por la mitad superior del rectángulo y una el extremo del rectángulo opuesto a **C.** El hueco que se ve en la parte de abajo se corresponde con la mitad del perímetro de cuello.

Para obtener el cuello entero, trabaja

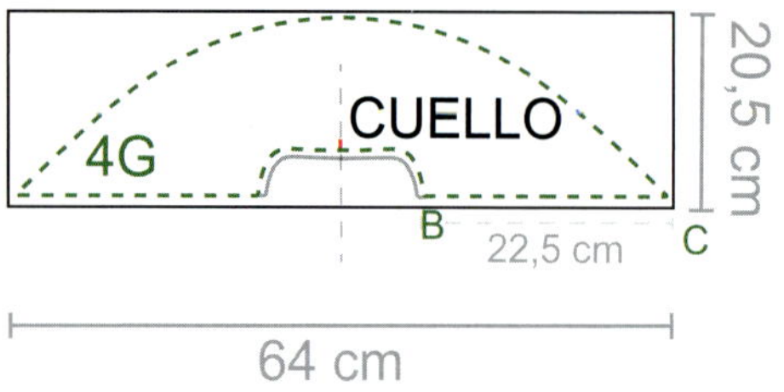

en simetría.

OTRAS PIEZAS

Solapas cuello

Dibuja un rectángulo de 14,5 x 37 cm. Desde **A** mide 9,5 cm por el lado más largo; este será el punto **B**. Une este punto con los ángulos opuestos y cierra la solapa. Repite el proceso para la otra solapa, así tendremos también la solapa del cuello izquierdo **(5H)**.

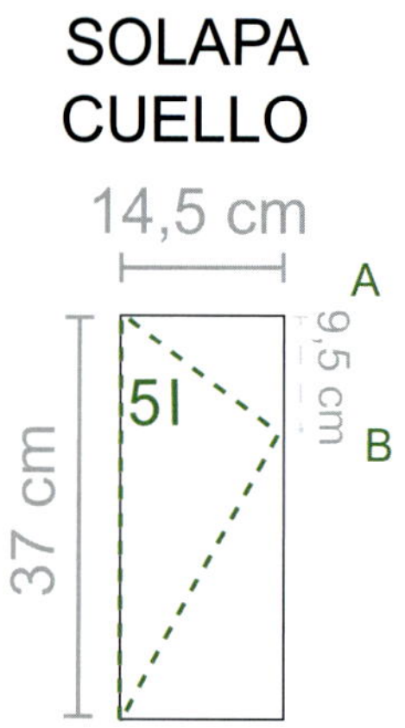

Forro bolsillos

En un rectángulo de 17,5 x 28,4 cm traza una línea de 18,5 cm en uno de los lados más largos.

Dibuja una curva y tendrás la forma del bolsillo. Puedes darle la medida que quieras, que sea más cómoda para ti. Recuerda que has de repetir esta misma operación cuatro veces, ya que necesitas dos piezas para cada uno de los bolsillos: dos para el forro del bolsillo derecho **(9O)** y dos para el forro del bolsillo izquierdo **(9P)**.

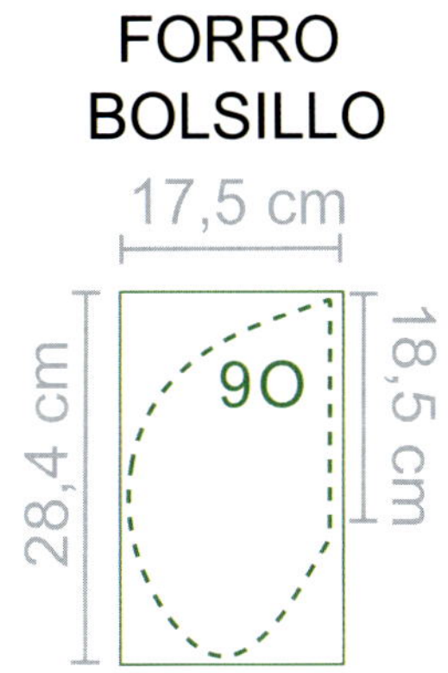

Solapa

Haz un rectángulo de 22 x 30 cm y dale la forma que se muestra en el dibujo.

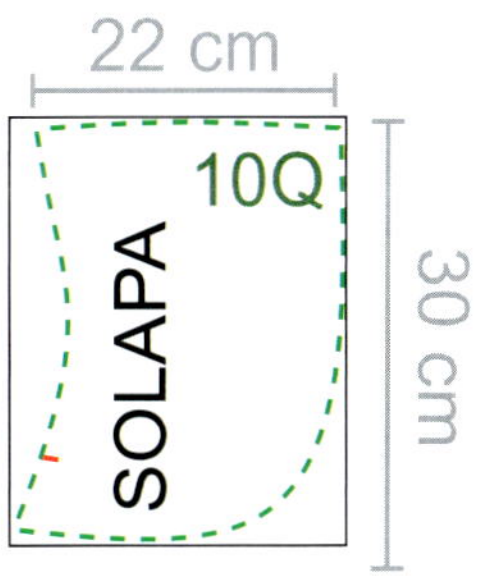

Charreteras, trabillas, tapetas

Para las tres piezas crea un rectángulo de 21,3 x 24,5 cm y sigue las medidas que se muestran en el dibujo para hacer cada una de las piezas. El ancho de las charreteras vendrá determinado por las medidas del hombro, las trabillas por las mangas, etc.

Las tapetas, al ser elementos decorativos de los bolsillos, puedes hacerlas de la forma que más te guste.

Recuerda de nuevo que debes hacer dos veces cada pieza para sacar las charreteras, las trabillas y las tapetas de ambos lados.

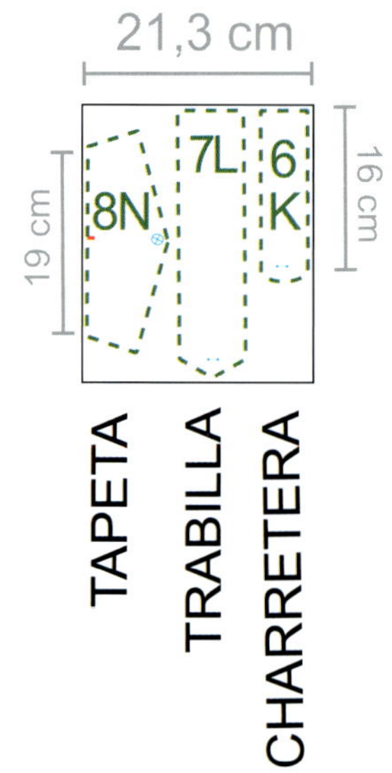

Cinturón

Dibuja un rectángulo de 8,5 x 90 cm y suaviza una de las puntas para hacer el extremo del cinturón. También puedes realizar un rectángulo de 8,5 x 45 cm y luego sacar la simetría de este para obtener el cinturón completo.

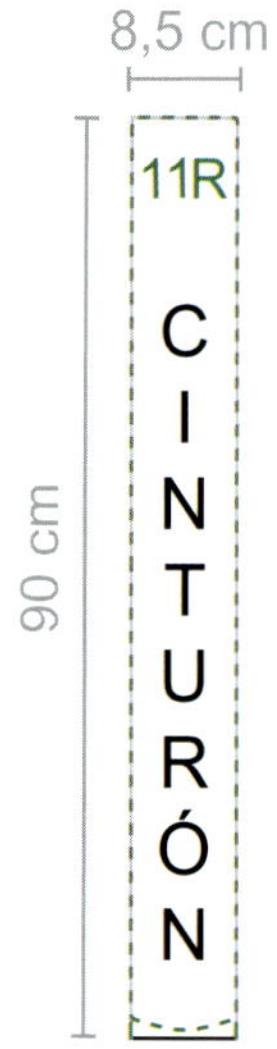

LA MARCADA

En el dibujo encontrarás los patrones situados al hilo para poder cortar las piezas de la gabardina.

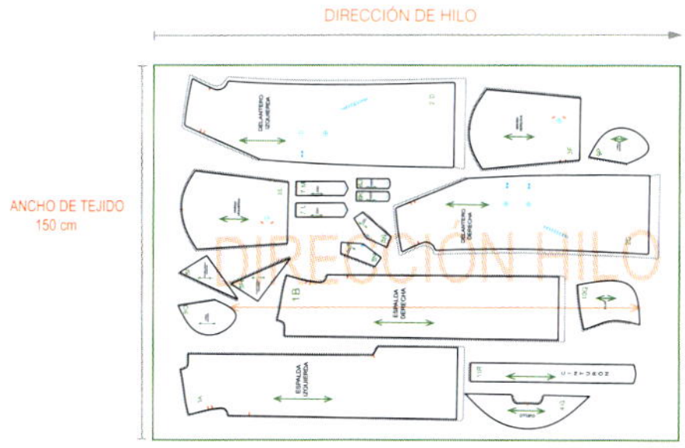

TALLAS

Ancho 150 cm	S	M	L	XL
TEJIDO PRINCIPAL	240 cm	250 cm	260 cm	270 cm
BIES	130 cm	130 cm	135 cm	135 cm

CONFECCIÓN

Antes de comenzar con el proceso de confección recuerda que debes añadir a las piezas 1,5 cm de más para que este sea el espacio de costura. Une las piezas según se muestra en los dibujos.

1. Coloca el bies alrededor de las piezas según el dibujo. Hazlo solo en las que tienen una línea negra.

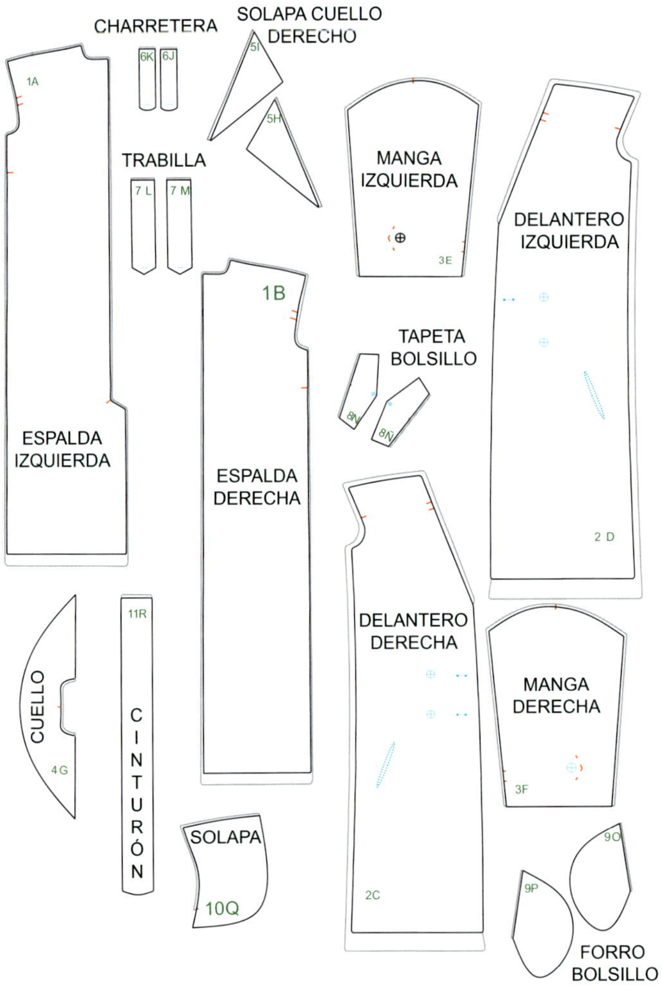

2. Une la espalda derecha y la espalda izquierda por la parte central con una costura reforzada. La pieza debes coserla sobre sí misma, tal y como aparece en el dibujo sobre la línea discontinua roja de puntos.

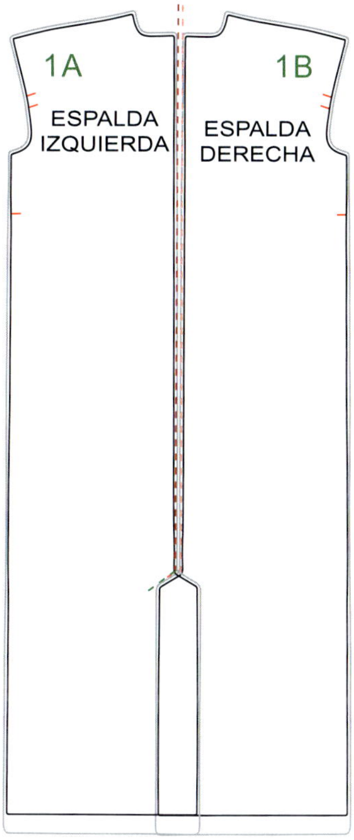

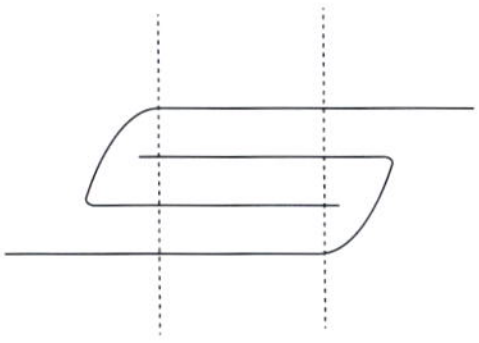

La costura reforzada no va cosida hasta abajo, sino que tiene una abertura que es un tacón.

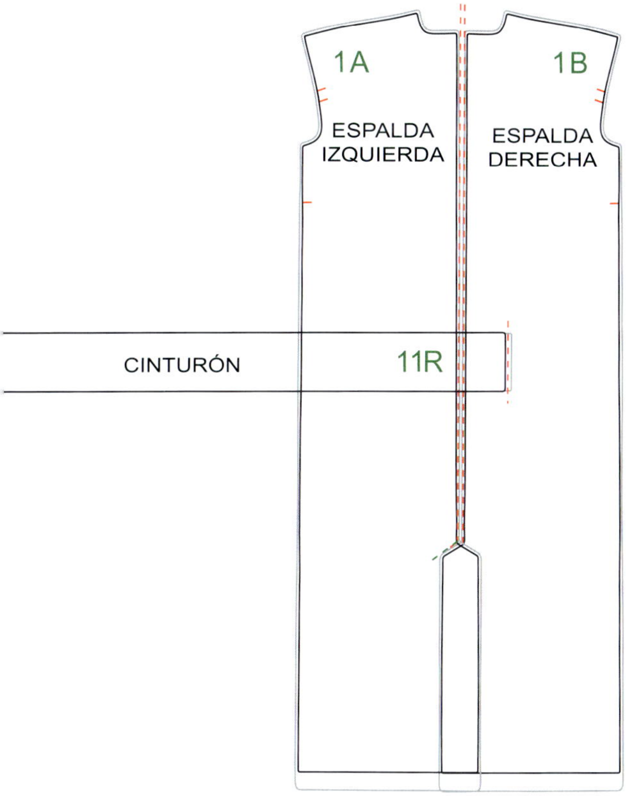

3. Dispón el cinturón en el centro de la espalda por la parte que no está redondeada y no lleva añadido el bies. Cose con una costura a 1 cm, colocando derecho con derecho. Si quieres, vuelve a dar un pespunte de carga con el fin de que quede bien reforzado. Coloca la hebilla del cinturón, haz pasar la tira por el pasador y después cose lo más pegado que puedas a la pieza con una costura recta.

4. Une los bolsillos a 1 cm del borde. Deja la parte de la abertura sin cerrar para colocarla luego en el delantero. Recuerda que debes unir dos piezas para hacer cada bolsillo.

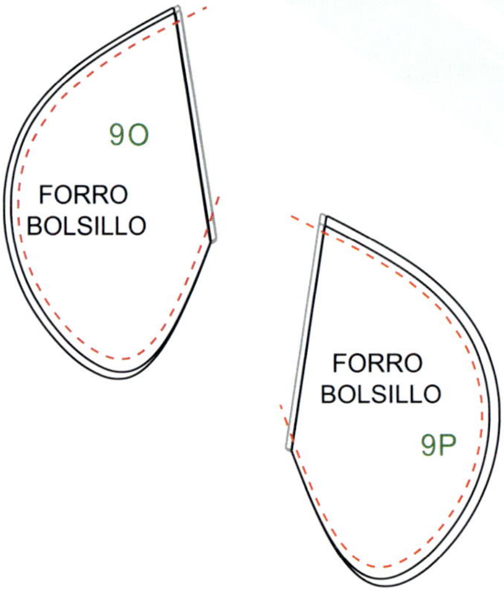

5. Une el fondo de los bolsillos con la abertura del delantero y dispón a su vez las solapas de los bolsillos, de tal forma que queden todos unidos por la misma costura. Una vez sujetos cose por el derecho a 1 cm, para que se queden doblados. Coloca la solapa según el dibujo y luego vuelve a unos 7 cm con otra costura para reforzar y que la solapa quede doblada.

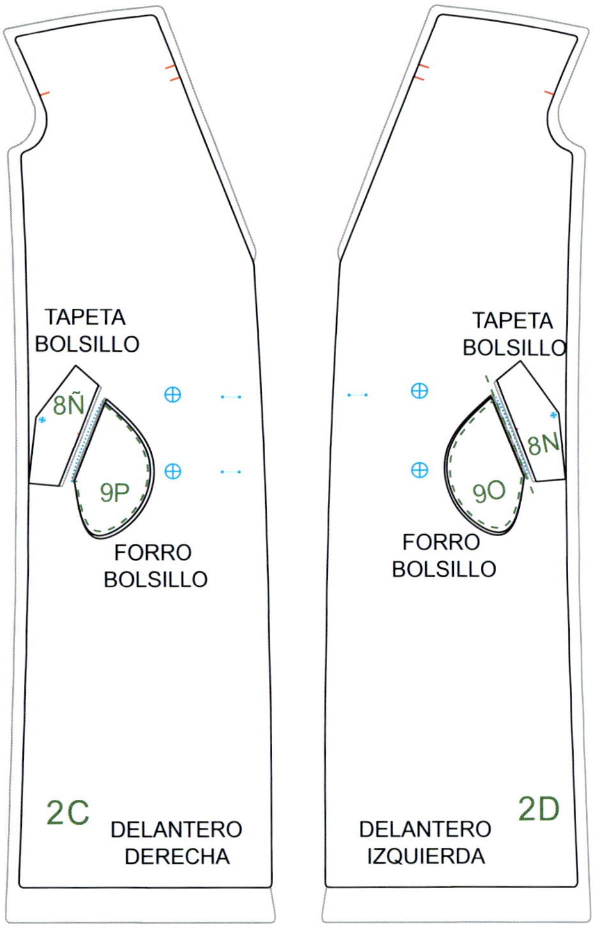

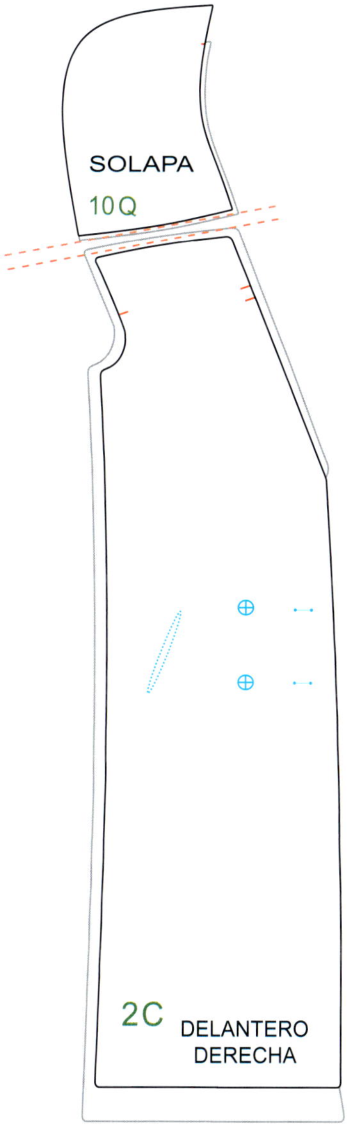

6. Une la solapa por la parte del hombro con la pieza del delantero correspondiente a 1 cm.

7. Une los hombros con una costura simple, recuerda hacerlo a 1 cm. Añade también las charreteras, que debes situarlas a la altura de los hombros en la costura.

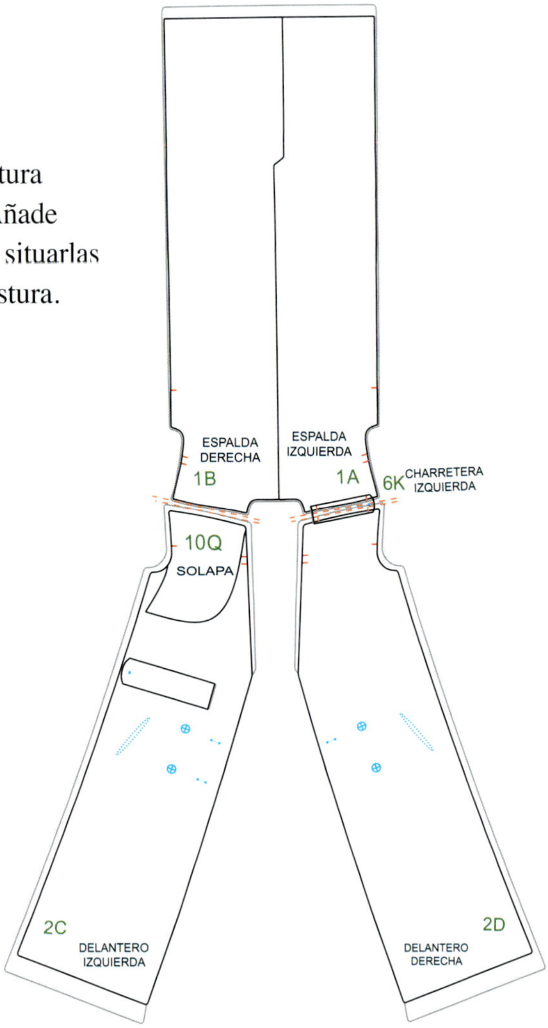

8. Coloca las trabillas en los piquetes situados en los extremos de las mangas.

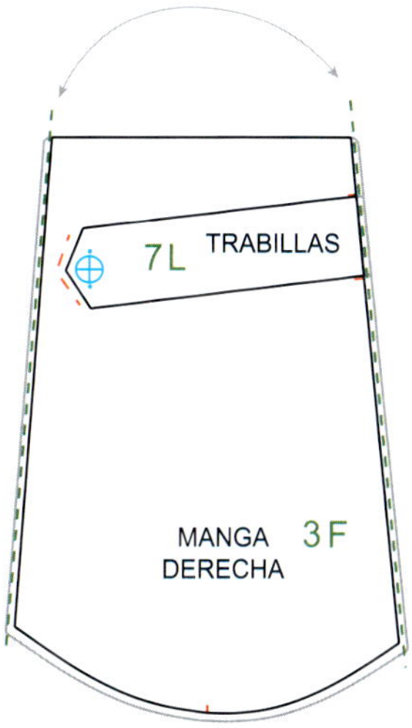

9. Luego, cierra las mangas con una costura simple a 1 cm.

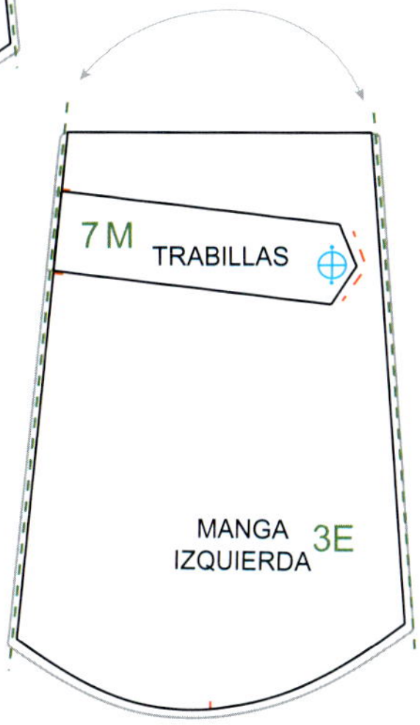

EL MONTAJE

10. Une las mangas ya cerradas con el cuerpo y cierra los costados. Realiza ambas costuras simples a 1 cm.

11. Une el cuello y las solapas donde están situados los piquetes con una costura simple a 1 cm.

12. Remata la prenda por dentro, añadiendo el bies que te ha sobrado de colocarlo a las piezas una por una y añádelo en sisas, cuello y costados. Por último, coloca los botones en la gabardina, cóselos a mano con el mismo hilo que has usado para coser la prenda.

EL

UPCYCLING

Upcycling significa reutilizar tejidos, materiales y prendas para crear otras nuevas o darles una nueva vida y cuyo resultado final es aún mejor de lo que era el original, tanto en calidad como en valor ecológico.

Para realizar esta gabardina se utiliza lona para toldo, que se había desechado pero que estaba en buen estado, ya que esta clase de material tiene cualidades similares a las del tejido tradicional de las gabardinas.

Es interesante emplear un tejido así y convertirlo en unaprenda funcional a través de esta técnica, pues los toldos son unos elementos muy característicos de nuestro país. De hecho, puedes crear tu gabardina mezclando ambas partes de la tela si no la quieres lisa entera.

Esta práctica del *upcycling,* cada vez más aplicada en el mundo de la moda, es una solución eficaz, pero no deja de ser una conducta que llevamos usando casi toda la vida, como es deshacer un jersey para volver a hacer otro, arreglar una prenda o convertir una en otra para poder darle más uso.

LA BIKER

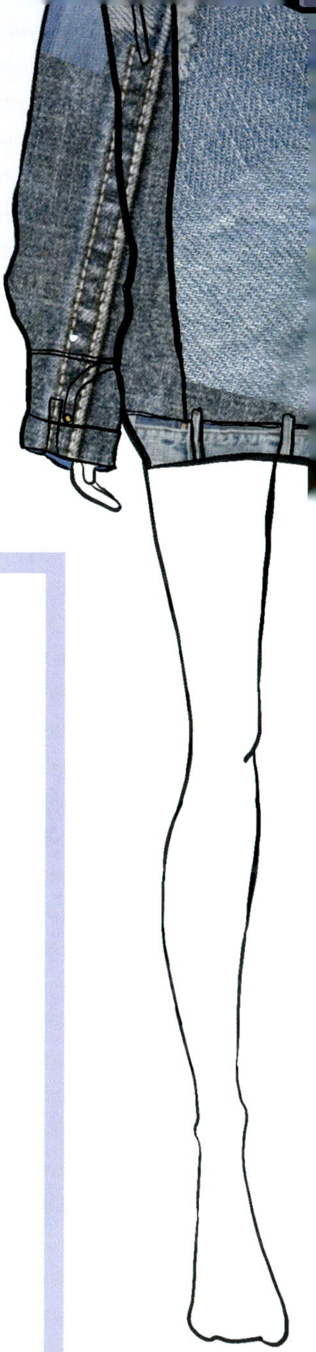

QUÉ TIPO DE PRENDA ES

La chaqueta que conocemos como *biker* está muy relacionada con el motociclismo. Comenzó teniendo un uso concreto en ese mundo, sin embargo, hoy en día se puede llevar en cualquier momento. La puedes encontrar en infinidad de materiales, pero sobre todo se emplea la piel.

En este caso usarás como materia prima el tejido vaquero, prenda que produce un alto coste en agua para su tintado y para la elaboración de su material textil, que es el algodón. Por eso se propone la reutilización de diferentes prendas vaqueras para la confección de esta cazadora.

REBELDÍA Y LIBERTAD

Cazadora, chupa o chaqueta, son muchos los términos que se utilizan para referirse a esta prenda mítica que, aunque no lo parezca, tiene su origen en la segunda mitad del siglo XIV. Es la evolución de la jaqueta, ropa militar que ya en su momento se usaba en cuero y que se ponía sobre la armadura. Servía para protegerse no solo de las inclemencias del tiempo, sino también de las armas en el campo de batalla.

En 1928, Irving Schott, que regentaba un negocio de costura, adaptó esta prenda para poder conducir cómodamente motocicletas, de las que era un gran aficionado. Estas fueron las famosas chaquetas de cuero Perfecto que marcaron el comienzo de la historia de la pieza más relevante de la moda motera.

Se empieza a popularizar su uso durante la década de los años cincuenta gracias a películas como *Rebelde sin causa* o *Salvaje*, en las que vestían a personajes de espíritu rebelde. James Dean y Marlon Brando hicieron de ella un símbolo de la cultura pop y una prenda casi permanente en las colecciones de otoño-invierno en sus diferentes versiones.

También ha sido muy utilizada en el mundo de la música. Elvis Presley fue el primero en hacer uso de ella para uno de sus conciertos y, a partir de ese momento muchos rockeros siguieron esta tendencia añadiendo poco a poco elementos que las dotaban de más personalidad. En los sesenta los hippies añadieron flecos y símbolos de libertad; los rockeros cremalleras; los punks tachuelas, púas, cadenas... Es una prenda muy versátil que se puede customizar según la personalidad de cada uno.

Qué
VAS A NECESITAR

Vaqueros rotos o que ya no sirvan. Cada pernera del pantalón equivale a una pieza de patrón. Juega con diferentes colores de vaqueros para usarlos en las distintas piezas. Intenta aprovechar algunas de las partes de los vaqueros, como pueden ser los bolsillos y la zona de la cinturilla, para crear elementos sobre la cazadora.

Si quieres usar tela vaquera nueva, viene indicada la cantidad de tejido que necesitas en la página 144.

Hilo al tono para máquina. El vaquero normalmente se cose con el hilo de torzal, que es mucho más grueso, pero en este caso usa de 120. Puede ser al tono o también en color mostaza, que es el se utiliza para coser los *jeans.*

Una anilla para el cinturón.

Cuatro remaches (opcionales).

De tres a cinco cremalleras (opcionales).

TRANSFORMACIÓN DEL

PATRÓN BASE

Para la transformación del patrón base y convertirlo en el patrón de la chaqueta *biker* has de dar una serie de pasos para modificar el delantero, la espalda y las mangas.

DELANTERO

Baja la línea de costado 32 cm y marca el nuevo bajo que medirá 26,5 cm. Alarga el escote 18,5 cm con una línea curva desde el piquete que hay dibujado.

Para hacer el cuello con cruce de la chaqueta, dibuja la línea que atraviesa el patrón (la línea continua) desde el piquete y corta. Después montarás ahí la cremallera. Debes realizar esta pieza dos veces, una para la parte derecha y otra para la izquierda.

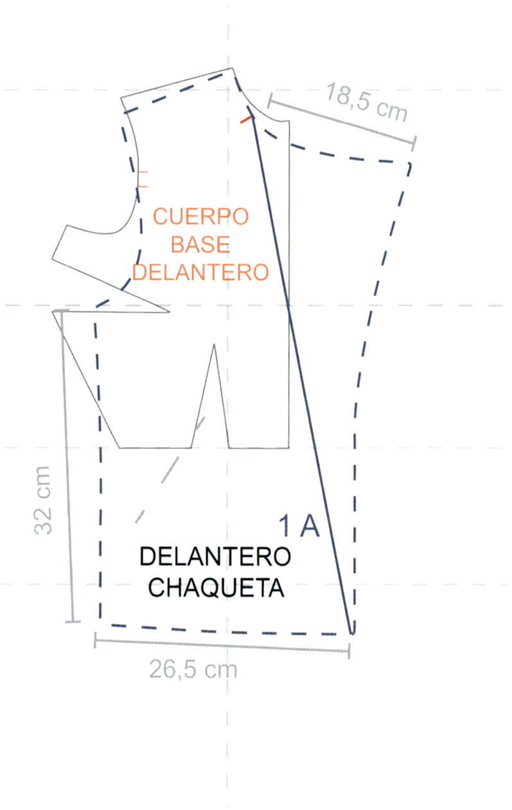

ESPALDA

Transfórmala a partir de la espalda del cuerpo base y genera las piezas en las que se divide, haciendo pasar las líneas de corte por las pinzas.

Para la espalda **(2B)** debes reducir el hombro 9,5 cm. La pieza tendrá de largo 62,5 cm desde el punto más alto del hombro y la parte inferior medirá 24 cm.

Debes sacar dos piezas de los costados **(3C)** que medirán desde la nueva sisa de la espalda 32 cm de largo y 11,5 cm de ancho en la parte inferior.

También saldrán las dos piezas de los hombros **(5E)** cuyo ancho de hombro medirá 5 cm.

Amplía y divide también la parte inferior para obtener la riñonera **(4D)** que tendrá 24 cm de ancho.

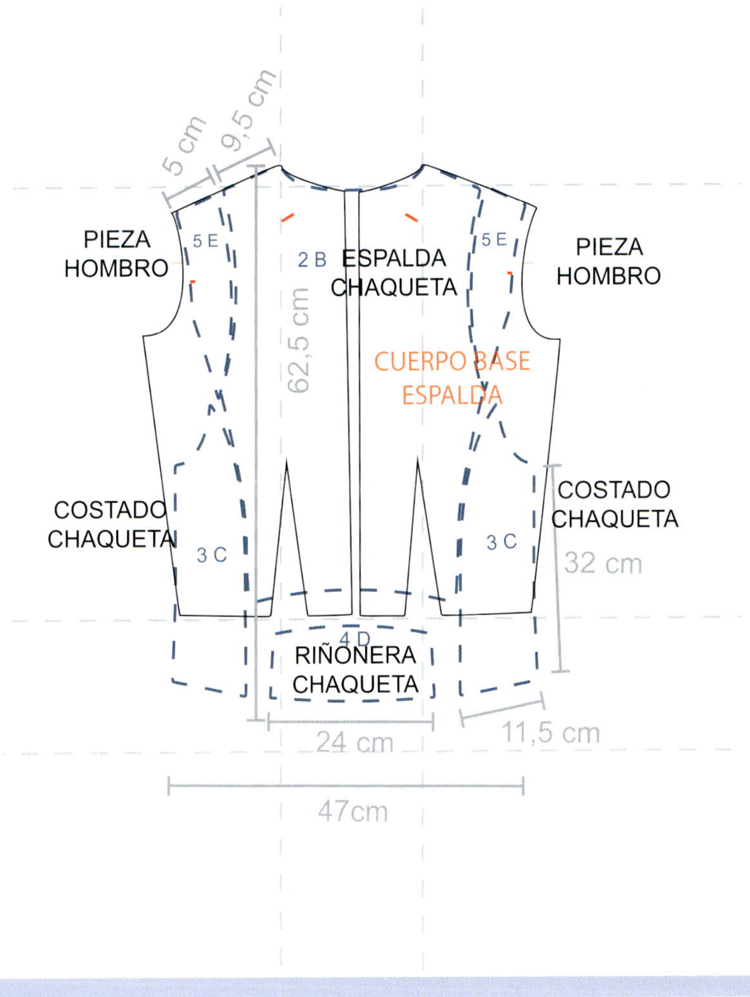

MANGAS

El largo de la manga será de 56,5 cm y tendrá un ancho de 21 cm en la hoja superior de la manga **(6F)** y 10,5 en la hoja inferior **(7G)**.

Para saber cómo hacer el patrón de la manga sastre paso a paso ve al capítulo del traje, página 51.

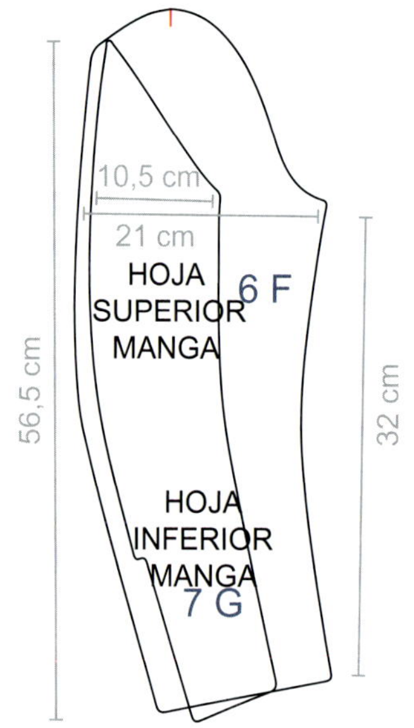

CUELLO

Debes realizar dos piezas idénticas que luego unirás entre sí. Marca 24,5 cm de largo y 17 cm de ancho. Puedes redondear las puntas y hacer la forma de cuello que prefieras.

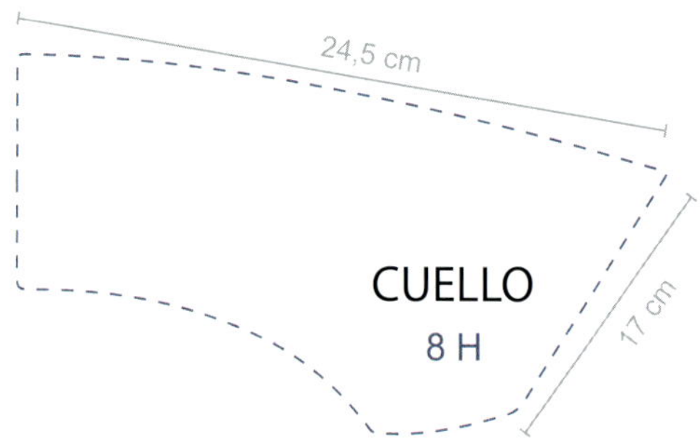

CINTURÓN Y TRABILLAS

El cinturón tendrá 85 cm de largo y 3,5 de ancho y lo puedes hacer doblando el tejido por la mitad para hacerlo simétrico o hacerlo con dos tipos de tejido y después uniéndolos. Recuerda darle a uno de los extremos forma de punta; en el otro irá la hebilla para engancharlo.

Para que el cinturón este fijo y no se caiga debes realizar cuatro rectángulos de 8 cm de largo por 2,5 cm de ancho. Estas serán las trabillas.

LA MARCADA

Como vas a confeccionar la biker con tejido de otras prendas vaqueras no necesitarás colocar los patrones al hilo para cortar las piezas.

Simplemente dispón el patrón de cada pieza encima de las que has ido obteniendo al descoser tus pantalones vaqueros usados.

Juega con las piezas buscando que los bajos, tanto del cuerpo como de las mangas, coincidan con los remates del pantalón (los costados o el bajo).

De esta forma, la prenda tendrá una mayor estructura. También puedes usar los bolsillos de los pantalones reciclados para fabricar los de tu nueva biker.

En caso de que quieras utilizar tejido vaquero nuevo, aquí están las medidas para cada talla y la cantidad de tejido que necesitarás.

TALLAS

Ancho 150 cm	S	M	L	XL
TEJIDO NUEVO	92 cm	110 cm	119 cm	127 cm
TEJIDO RECICLADO	Cada pernera de pantalón equivale a una pieza del patrón			

CONFECCIÓN

Antes de comenzar con el proceso de confección recuerda que debes añadir a las piezas 1,5 cm de más para que este sea el espacio de costura. Une las piezas según se muestra en los dibujos.

Si vas a utilizar vaqueros de segunda mano, descose todos los pantalones y sobre las piezas que has sacado, dispón los patrones para cortarlos y pasar luego a la confección.

1. Une todas las piezas que componen la espalda. Comienza de abajo arriba: primero la riñonera, después los costados y, por último, las que van unidas a los hombros. Estas hacen que la espalda coja un poco más de curva, por lo que se generará volumen.

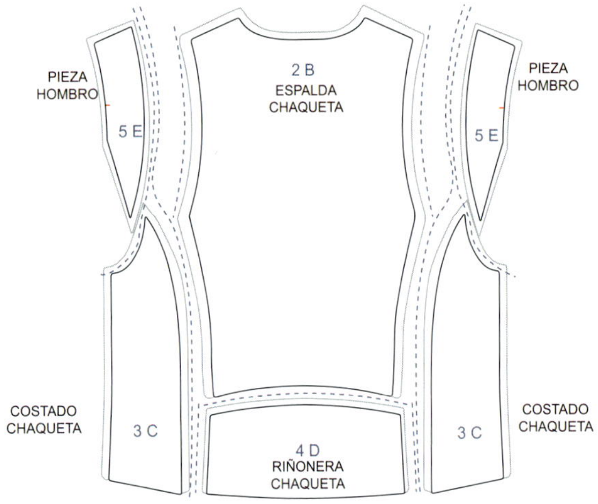

2. Coloca uno de los lados de la cremallera en el corte del patrón del delantero derecha y el otro lado en la parte izquierda, en el extremo. De esta forma la cremallera se cruzará delante de la prenda.

En las marcas situadas en el delantero de forma oblicua puedes coser cremalleras decorativas o jugar con las piezas de los pantalones reutilizados.

Para unir las dos piezas del delantero usa una costura reforzada. Junta en primer lugar los hombros y a continuación los costados.

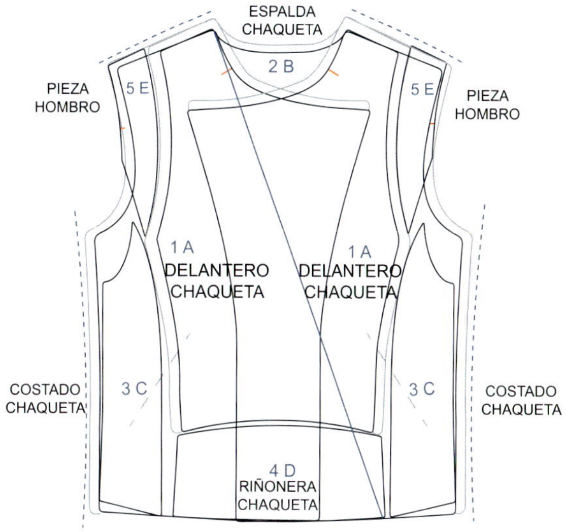

3. Une las piezas de las mangas en plano y después móntalas sobre la chaqueta con una costura simple.

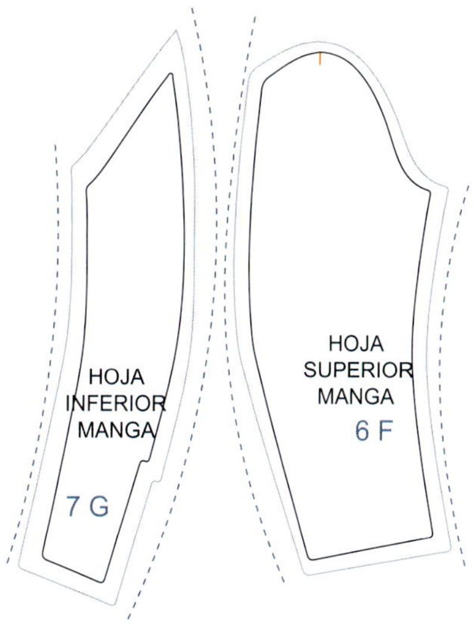

PULL&BEAR DENIM COLLECTION

EL MONTAJE

4. Une las dos piezas del cuello para después añadirlo a la chaqueta. Cose las trabillas. Une las dos piezas del cinturón, cose la anilla en uno de los extremos y colócalo en la *biker.*

Puedes añadir remaches, cremalleras en los laterales o charreteras en los hombros a modo de decoración.

EL TEJIDO

MÁS IMPRESCINDIBLE

El *denim* que actualmente conocemos nace como una tela para confeccionar prendas de trabajo. Está hecho de algodón resistente tejido en sarga, una forma de tejer típica de Nimes, una ciudad del sur de Francia y teñido con índigo, que procede de una planta y cuyo color azul es muy característico.

En 1852 Levi Strauss abrió una mercería en San Francisco y pronto se dio cuenta de que los jornaleros necesitaban prendas más resistentes que no se rompieran y que durasen muchos años. Al quedarse sin tela vaquera por la cantidad de pedidos recibidos, decidió importar un tejido resistente, la sarga «de Nimes» y de ahí el nombre *denim*. Años más tarde fundó la marca Levi & Strauss Co y patentó los primeros vaqueros.

A partir de los cincuenta los vaqueros se empezaron a popularizar como ropa de ocio entre los jóvenes que querían diferenciarse de una moda más tradicional. Con los años se convirtieron en una prenda de uso habitual para todas las edades.

Otra de las características más reconocibles del tejido *denim* es su color. Al principio, los vaqueros no se teñían; se mantenía su color marrón claro. Fue también Strauss el que decidió empezar a teñirlos con índigo como los pantalones de algunos marineros de Génova. De hecho, se cree que de ahí proviene la palabra *jeans* ya que en francés se denomina Gênes a Génova. Tiene sentido que los quisiera teñir de azul, un color varonil y además con el que se identificaba a los obreros. Como curiosidad, no todo el tejido es de color azul, la trama es de color blanco y la urdimbre es la que es azul.

EL KIMONO

QUÉ TIPO DE PRENDA ES

El kimono es de origen oriental. En Europa, su uso se extendió a finales del siglo XVII y, sobre todo en el siglo XVIII tanto por el público femenino como por el masculino y ha seguido vigente hasta nuestros días.

Desde su propia conceptualización, esta pieza está basada en la idea de un patrón sin desperdicio de tejido. Por este motivo, para confeccionarlo vas a emplear una serie de rectángulos o triángulos (restos de otras prendas) para conformar cada una de las partes de la prenda.

Esta reutilización de tejido sobrante evita generar residuos, lo que se conoce como *zero waste*. Este tema cada vez está más en boga entre diseñadores y grandes marcas con el fin de hacer prendas éticas y sostenibles. En el fondo, es una vuelta al pasado para intentar dejar de adquirir ropa impulsados por los bajos precios —*fast fashion*— y no desperdiciar tejido perfectamente útil.

LA INFLUENCIA ASIÁTICA
EN LA MODA OCCIDENTAL

En japonés *kimono* significa «cosa para usar o llevar», del verbo *ki* «llevar (sobre los hombros)» y el sustantivo *mono* «cosa». Entra en nuestro vocabulario a partir de finales del siglo XVIII como *quimono* y se define normalmente como un corte de bata con tela.

Su origen se suele ubicar en China y era utilizado por la gente humilde para realizar las tareas domésticas por ser muy cómodo. Aunque fue Japón quien lo popularizó también como prenda tradicional, usada de diferente forma tanto por hombres como por mujeres.

Llega a Europa a finales del siglo XVII a través de las rutas comerciales con el continente asiático y pronto se convierte en la prenda más deseada por la nueva burguesía. Sobre todo por dandis, bohemios, filósofos… ya que se decía que la ropa holgada era fundamental para el desarrollo de las habilidades mentales. El kimono se convierte, por tanto, en un símbolo de estatus social e intelectual.

Se pueden encontrar similitudes con otras prendas como, por ejemplo, la «bata» que ya se usaba en Europa o el *banyan* inglés. Esta también es una prenda de origen asiático, concretamente de la India, que llega al Reino Unido a través de la Compañía de las Indias Orientales hacia finales del siglo XVIII. Los hombres empiezan a usarlo como atuendo informal dentro de casa, generalmente hecho de algodón, lino o seda.

El kimono influyó seguramente en la creación de la *robe* a la francesa o el *déshabillé negligée*, que significa «desvestido» «descuidado» o «desaliñado». Una especie de bata larga con amplias mangas y completamente abierta o simplemente cerrada por un botón o una cinta, que se ponían principalmente las mujeres como sobrevestido para estar en casa. Este tipo de prenda se clasifica como «vestido blando», por ser suelta y cómoda, tendencia casi desconocida hasta el momento para el vestuario femenino.

En la actualidad, el kimono se aleja del concepto «bata» acercándose más a la lencería, pero también es frecuente verlo como prenda exterior. Siempre compartiendo los mismos materiales que en épocas pasadas: sedas, gasas, tejidos ricos y delicados.

Qué
VAS A NECESITAR

Retales de tela. La idea de este proyecto es trabajar sin residuo para minimizar el uso de papel y de tejido. Por eso tendrás que recopilar retales de otras prendas que ya no uses, o bien telas en desuso para crear estos retales que uniéndolos formarán el tejido del kimono.

Hilo al tono para máquina. Utiliza cualquiera que tengas en casa que apenas hayas usado, que compraras para algún otro proyecto y que te sobrara bastante cantidad. Si por lo que fuera se terminara, al ser un tejido compuesto por muchos otros, puedes usar diferentes colores y te dará un acabado mucho más vistoso.

PATRÓN

En este caso, no vas a partir de un patrón base como en el resto de diseños, sino que crearás el patrón de tu tejido uniendo pequeños retales de tela, con la técnica de las almazuelas, que se explicará en la página 164.

A partir de ahí, harás un patrón geométrico diseñado de forma proporcional para aprovechar todo el tejido y no desperdiciar nada. Además, el kimono es reversible, por eso verás que las piezas se repiten.

Trazarás el patrón a partir de rectángulos de diferentes tamaños situados al hilo, tal y como ves en el dibujo, por lo que gastarás también menos cantidad de papel.

Dibuja en primer lugar un rectángulo de 150 x 340 cm y en él distribuye otros cuatro que sirvan de cuerpo y que midan 30 x 280 cm. Cuatro rectángulos más que midan 30 x 70 cm, que serán las mangas, y otros cuatro de 15 x 150 cm, que serán el cuello.

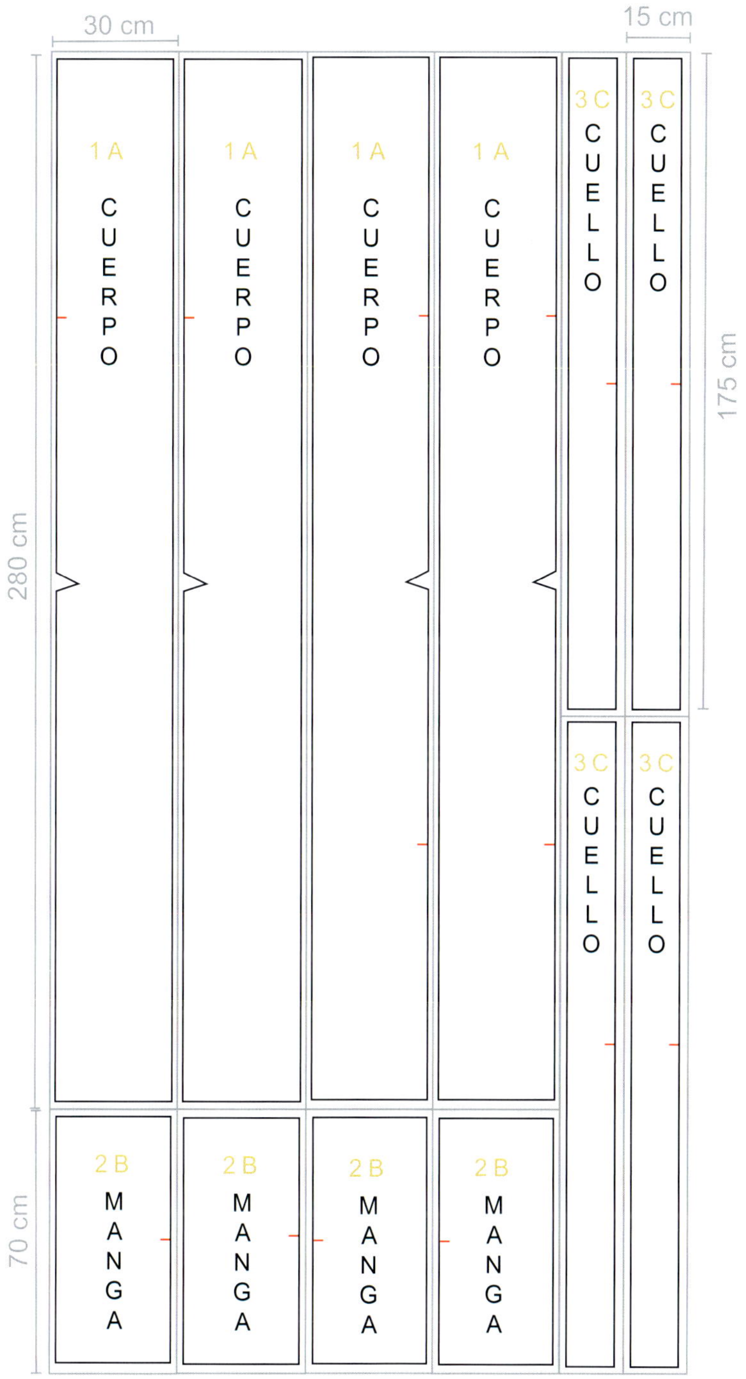
30 cm
15 cm
280 cm
70 cm
175 cm
1 A
CUERPO
1 A
CUERPO
1 A
CUERPO
1 A
CUERPO
3 C
CUELLO
3 C
CUELLO
3 C
CUELLO
3 C
CUELLO
2 B
MANGA
2 B
MANGA
2 B
MANGA
2 B
MANGA

LA MARCADA

Para realizar el kimono primero vas a tener que «crear» el tejido recolectando retales de ropa o de tela. Con ellos formarás una serie de piezas que, como en un puzzle, irán encajando entre ellas hasta formar el tejido de esta prenda.

Corta las piezas en la dirección del hilo, tal y como se muestra en el dibujo.

TALLAS

Ancho 150 cm	**S**	**M**	**L**	**XL**
TEJIDO PRINCIPAL	350 cm	434 cm	442 cm	455 cm

CONFECCIÓN

Antes de comenzar con el proceso de confección, debes crear el tejido basándote en la técnica de las almazuelas.

Para su elaboración se emplea como forma de repetición el rectángulo, pero también podrías usar el triángulo en función del tamaño de los trozos o fragmentos que tengas de tela. Toma estas medidas como referencia para ir cortando cada retal y que sean todos del mismo tamaño.

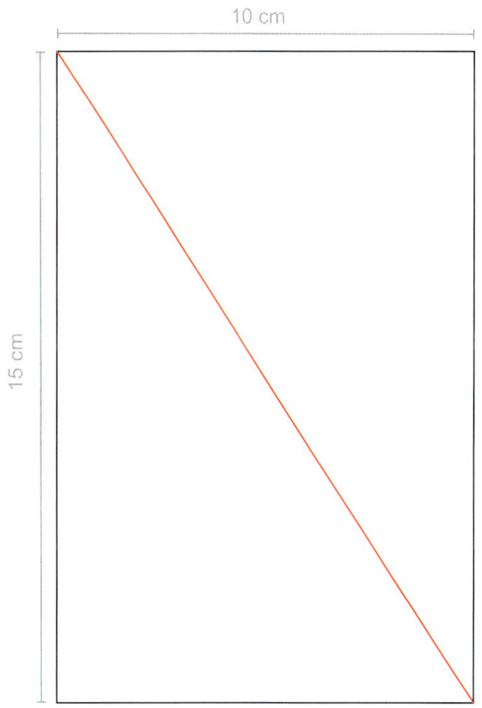

No olvides que como mínimo debes tener un margen de tejido de 1,5 cm como espacio de costura y que has de unir las piezas unas con otras con una costura simple de 1 cm y disponerlas en una superficie plana para marcar el patrón (pág. 158) y empezar a confeccionar la prenda en sí. Es importante que vayas planchándolas para que se asiente la costura y cuando las unas, estén lo más planas posible.

Te recuerdo que al tratarse de una prenda reversible vas a trabajar todas las piezas por duplicado, por lo que cada uno de los puntos siguientes deberás hacerlo dos veces hasta llegar a juntar los dos patrones y unirlos también.

Las piezas se unen derecho con derecho, es decir, la parte bonita del tejido de una pieza con la parte bonita del tejido de la otra. Para montar la pieza debes dejar unos centímetros sin coser para poder darle la vuelta y que se vea por esa parte bonita.

1. Une el cuello con una costura simple por el lado más estrecho. Después, ábrelo y plánchalo hasta que esté asentado.

Coloca derecho con derecho, como se ha explicado antes, no por el revés y cierra todo el cuello con una costura a 1 cm. Deja unos 10 cm sin coser para poder girar la pieza.

Una vez que le hayas dado la vuelta, plancha con una costura al canto de entre 0,5 y 0,7 cm para asentarla. Reserva el cuello para poder unirlo en el último momento al cuerpo ya cerrado del kimono.

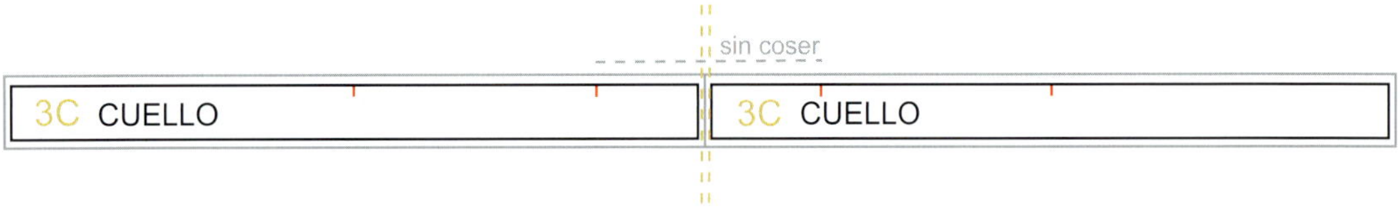

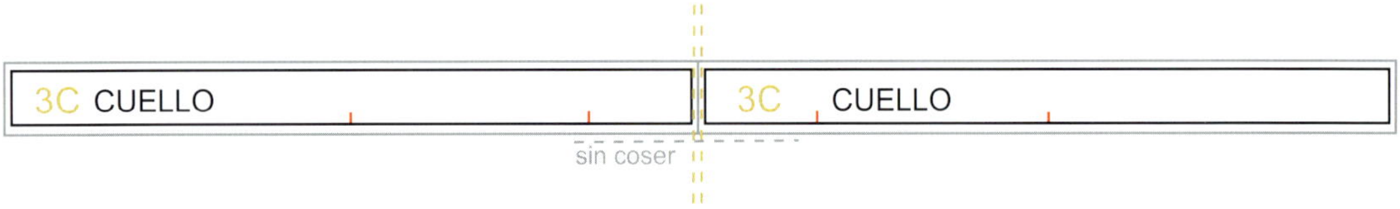

2. Cierra la espalda del kimono hasta el piquete y une con las mangas. Recuerda que debes realizar este punto dos veces porque la prenda es reversible.

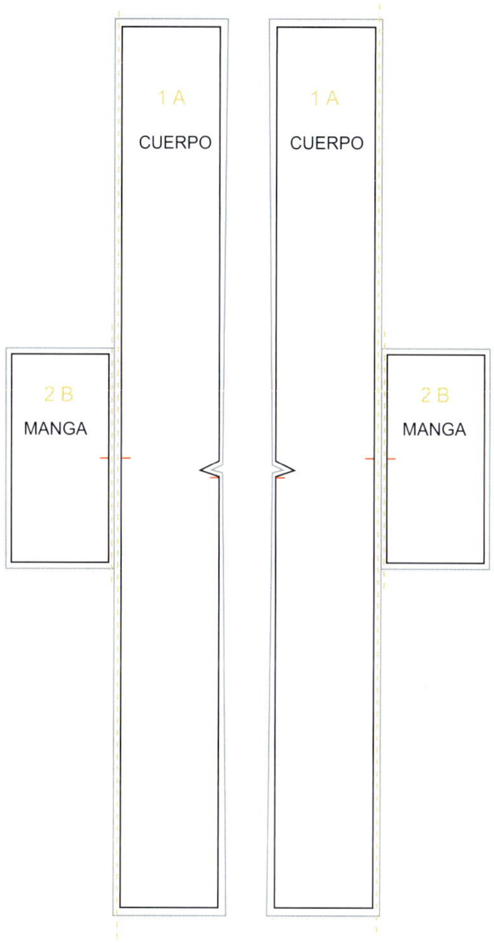

3. Cierra las cuatro mangas.

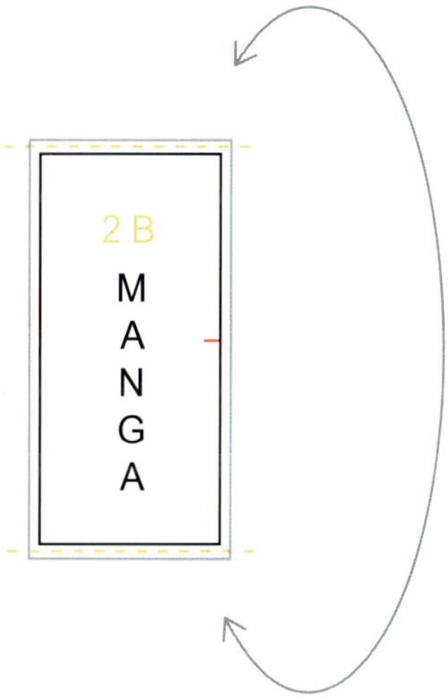

4. Cierra el cuerpo en una única costura, a 1 cm y recta, tanto en los costados como en las mangas. Comienza por el bajo de la prenda para terminar en el extremo de la manga.

EL MONTAJE

5. Plancha todo el conjunto para asentar bien la prenda, una vez cosidas ambas piezas del kimono por separado. Para hacer que sea reversible el kimono, debes unir un kimono con otro juntando derecho con derecho.

Haz una costura alrededor de la prenda de 1 cm. Recuerda dejar unos 10 cm sin cerrar en el cuello para poder darle la vuelta una vez cosida y que se pueda unir en el siguiente paso.

6. Coloca ambas caras con el fin de que no se deforme la prenda y vuelve a pasar un pespunte de sujeción, es decir, una costura normal una vez que le has dado la vuelta a la prenda, en las mangas y en los costados.

7. Une el cuello con el cuerpo. Cose de piquete a piquete para que el cuello quede unido al resto de la pieza por el escote de la espalda.

Quedarán por unir únicamente los espacios que dejaste sin coser. Para el primero, junta derecho con derecho; para el segundo, ayúdate de la plancha para hacer un dobladillo de 1 cm y después únelo a la pieza. De esta forma estarás uniendo el cuello al resto de la prenda y, además, juntando ambas caras del kimono, por lo que coserás los dos tejidos juntos.

LA ALMAZUELA:

UNA TÉCNICA ARTESANAL QUE RECORRE EL MUNDO

La artesanía de la almazuela proviene de La Rioja, más en concreto de la sierra de Cameros. Originalmente se elaboraban uniendo piezas de muestras de tela de la antigua fábrica textil de Ezcaray y luego se entregaban a los pastores para que confeccionaran sus prendas. Este arte requería de muchas horas de trabajo, ya que todo el proceso era artesanal: los tejidos se seleccionaban y se cortaban uno a uno para posteriormente coserlos a mano.

Por esta razón las almazuelas se solían llevar a cabo en grupos de mujeres que se reunían en corros para coser y charlar. Las piezas resultantes solían utilizarse para cubrir la masa de pan para su fermentación, además de para colchas, manteles o mantas. Gracias a estas piezas se ha podido descubrir información muy valiosa sobre la persona que las confeccionaba: dónde vivía, cuáles eran sus condiciones socioeconómicas y otra serie de detalles que nos dan a conocer los tejidos que escogían para crearlas.

A esta técnica se la conoce internacionalmente como *patchwork* y también consiste en unir retales que han sobrado de otras confecciones o de prendas viejas que ya no están en buen uso.

Es curioso cómo en diferentes lugares del mundo se utiliza una técnica muy parecida con resultados similares. En Corea, por ejemplo, se utiliza para crear los tradicionales *jeogori,* prenda superior, tanto para hombres como para mujeres, muy parecida al kimono. Pero también está presente en los Estados Unidos, sobre todo durante la época de la gran depresión (1929-1934), donde se logran piezas tan maravillosas que actualmente están en museos y galerías de arte.

LA CAPA

QUÉ TIPO DE PRENDA ES

La capa es una pieza simple, pero está cargada de mucho simbolismo. Muy vinculada a nuestro país, tiene un gran peso histórico y ha sido versionada por infinidad de diseñadores en épocas diferentes. A pesar de la simpleza de la pieza, suele tener un precio elevado, ya que se necesita mucho tejido para poder elaborarla. Por ello es señal de estatus y se suele llevar en ocasiones especiales.

En este caso se usa un tejido de doble faz, un tipo de tela que se utiliza para elaborar abrigos.

DEL ANONIMATO A SÍMBOLO DE DISTINCIÓN

La capa es una prenda abierta por la parte delantera que se sujeta por el cuello y que deja que los brazos se muevan libremente ya que cae suelta desde los hombros, pero no tiene mangas. Los tejidos que suelen utilizarse son variados dependiendo de la posición social de la persona que la lleve, pero el más frecuente es el paño de lana grueso, que protege del frío.

España fue durante años el mayor productor de la mejor lana, la de raza merina, que se solía utilizar para la elaboración de este tipo de capa. En la provincia de Salamanca, fue el duque de Béjar el precursor del uso de esta prenda, dado que era en sus tierras donde se producía y se transformaba la lana en paños y fieltros. La capa, además, está vinculada al traje tradicional de la región.

En el siglo XVIII y a raíz del motín de Esquilache, fue prohibido el uso de la capa al relacionarse con maleantes y propiciar el anonimato. La manera de llevarla ha ido variando con el tiempo, más larga, más corta, con o sin hueco para las manos, etc., pero como sabemos, la moda crea flujos circulares que hacen que lo antiguo siempre acabe volviendo.

En el siglo XIX la capa castellana, también llamada pañosa, debido a que estaba confeccionada con paño de lana, era muy amplia, tenía el cuello bajo y su uso era exclusivo masculino. Siguieron estando presentes en la primera mitad del siglo XX con unos acabados más elegantes, vistas de terciopelo, bordados, botonería y cierres metálicos más detallados. Sin embargo, en la actualidad, es más utilizada por el público femenino como parte del *street style* y dependiendo de la moda del momento. Solo se mantiene invariable su uso como prenda protocolaria de ciertos cargos o profesiones.

Son muchos los personajes ilustres que la han lucido, pero no cabe duda de que a todos nos viene a la memoria Ramón María del Valle-Inclán, pues la usaba casi a diario.

Qué
VAS A NECESITAR

Paño de lana de doble faz. En su defecto, fieltro o terciopelo. Para crear una prenda así de elegante es importante usar un buen material, aunque siempre es interesante darle un toque diferente.

La lana es un material muy apreciado por su suavidad, ligereza y flexibilidad y la que procede de la oveja merina es una de las más finas que existen.

Cierre especial: broche metálico o broche peletero.

Hilo al tono para máquina.

PATRÓN

En este caso, no vas a partir de un patrón base como en el resto de diseños. Para la creación de la capa vas a hacer uso de la forma geométrica del círculo. Necesitas conocer la medida del perímetro de cuello y determinar el largo de la prenda para confeccionar dos círculos: uno más grande que el otro y el cuello que luego unirás a la capa.

CAPA LARGA

En primer lugar, debes medir el contorno de cuello tal y como se indica en la página 179. Después dibuja un círculo con un diámetro de 150 cm. En el centro dibuja otro círculo cuyo diámetro será la mitad del contorno de cuello que hayas medido.

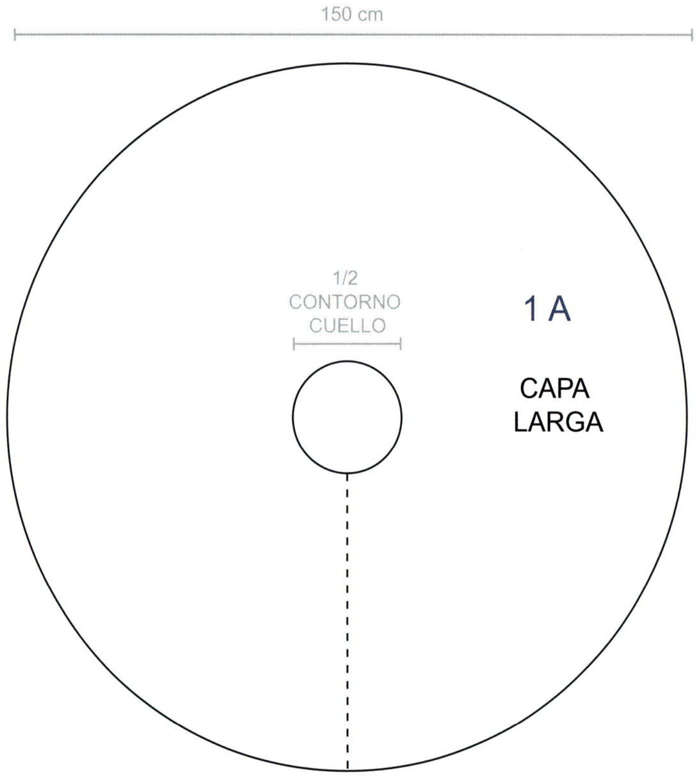

CAPA CORTA

Dibuja un círculo de 60 cm de diámetro. Realiza otro en el medio que tendrá de diámetro la mitad del contorno de cuello, el mismo que el de la capa larga.

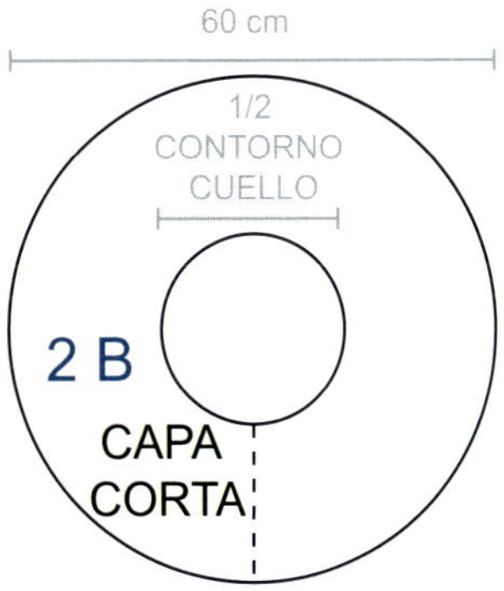

CUELLO

Con el tejido doblado, dibuja un rectángulo de 3,5 cm de largo. De ancho tendrá la mitad del contorno del cuello. La pieza es simétrica, por eso con dibujar la mitad bastará para sacarla completa. Redondea una de las esquinas.

LA MARCADA

En el dibujo encontrarás los patrones situados al hilo para poder cortar las piezas de la capa. Para este proyecto vas a utilizar un solo tejido para toda la prenda.

TALLAS

En este caso no hay tallas como tal porque se trata de una capa circular a la que cada uno dará el largo que prefiera, teniendo en cuenta que el ancho de tejido será de 150 cm. La única medida que deberás tomar es la del contorno de cuello, como ya se ha mencionado.

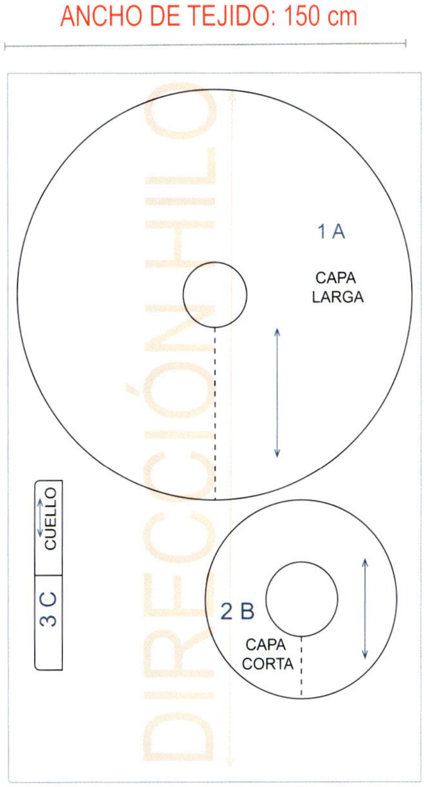

CONFECCIÓN

Antes de comenzar con el proceso de confección recuerda que debes añadir a las piezas 1 cm de más para que este sea el espacio de costura. Une las piezas según se muestra en los dibujos.

1. Separa con cuidado la tela de doble faz 1 cm alrededor del bajo de las dos piezas.

2. Igual que con el bajo, hay que separar los bordes 0,5 cm de cada lado para cerrarlos. A continuación, asienta bien con la plancha.

3. Une el recorrido de las dos piezas con una costura simple. Comprueba que están sujetas. Cuando termines, plancha todo otra vez.

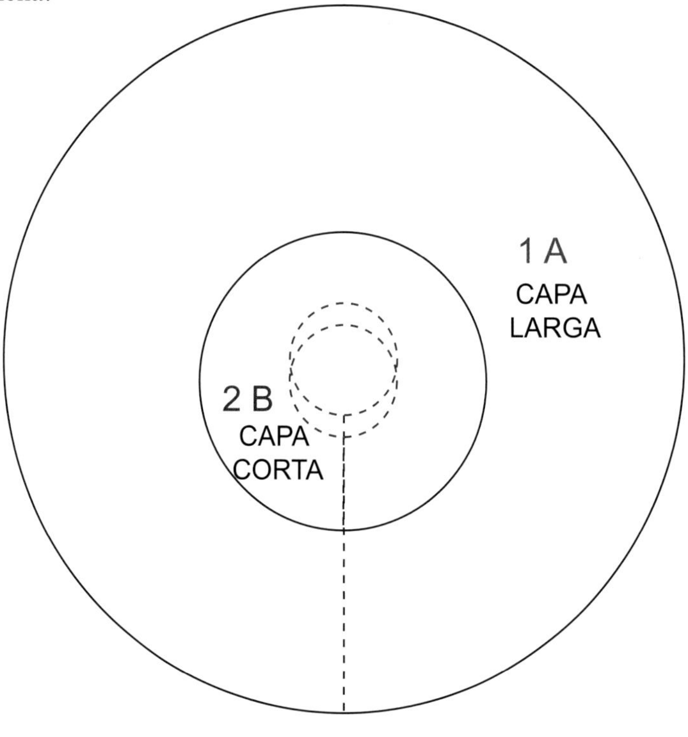

EL MONTAJE

4. Une el cuello sobre sí mismo, derecho con derecho. Dale la vuelta y a continuación cose el cuello sobre la capa.

5. Por último, cose el cierre especial que hayas elegido en el cuello.

UNA OPORTUNIDAD PARA LA

INDUSTRIA TEXTIL ESPAÑOLA

Desde el siglo XII, cuando se comenzó con la crianza de las ovejas merinas hasta los años cincuenta-sesenta, España fue el primer país productor de este tipo de lana a nivel mundial. Se utilizaba tanto en prendas de diario como de lujo, normalmente abrigos, chaquetas y capas, en función de cómo estuviese trabajado el material: punto, paño, fieltro… También para la fabricación de mantas y alfombras.

En los años ochenta, debido a la entrada de las fibras sintéticas y por la decisión de fomentar las propiedades cárnicas de la oveja en detrimento de mejorar las cualidades de la lana, la producción en nuestro país se vio reducida hasta prácticamente dejar de existir.

Actualmente, Australia es el primer país exportador de lana merina del mundo. España también la importa por ser más barata, lo que provoca una bajada de los precios nacionales que hace que los pocos ganaderos que siguen dedicándose a este negocio no puedan ni hacer frente a los gastos de esquilado. Se acaba tratando a la lana como un residuo o vendiéndola a precios bajísimos sin limpiar, al carecer de una industria que se encargue del proceso de hilatura y fabricación de prendas.

Pese a todo, la lana sigue siendo muy valorada. Por ello, en las últimas décadas, desde diferentes organismos se está intentando poner en valor la calidad de la raza de oveja merina española para recuperar el tejido industrial que antes teníamos. Diseñadores como Paul García de Oteyza llevan años incorporando diferentes diseños de capas hechas con esta lana en sus colecciones.

CÓMO TOMAR MEDIDAS Y CREAR LOS PATRONES BASE

CÓMO TOMAR MEDIDAS

Existen numerosas metodologías para realizar un patrón base. Se puede hacer de forma industrial —que nos servirá posteriormente para elaborar un listado de tallas— o hacerlo a medida para alguien determinado. En cualquier caso, es necesario comenzar por la toma de medidas de la persona a la que vas a crear el patrón o de la que será tu talla base. Para ello necesitas una cinta métrica y un cuaderno en el que ir anotando.

En el dibujo puedes ver reflejadas qué medidas se toman en recto (en rojo) y qué medidas se toman en recorrido (en azul). Es importante esta diferencia, ya que haremos referencia a ellas en distintos momentos de las creaciones del patrón base.

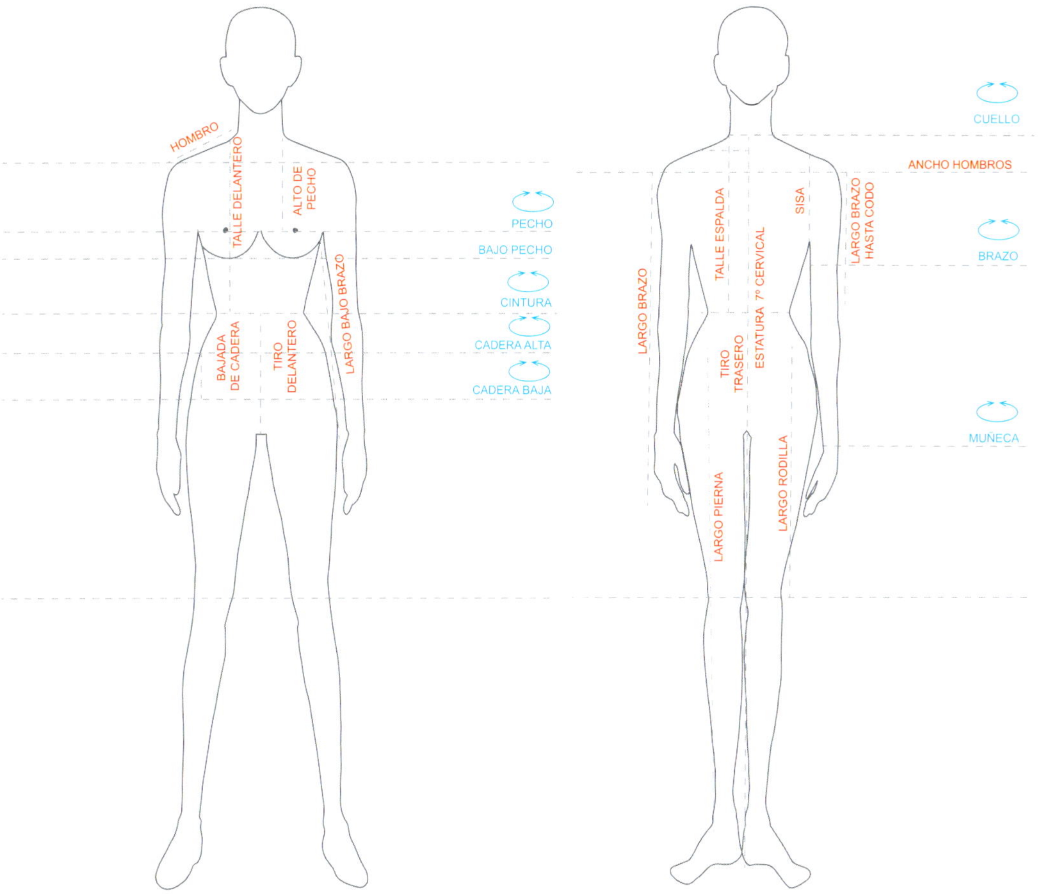

EL CUERPO BASE

Sobre este patrón harás las transformaciones necesarias para llevar a cabo tus diferentes diseños. Toma como referencia las medidas del cuerpo para confeccionar los ajustes y las holguras para obtener la silueta deseada.

MEDIDAS PARA EL CUERPO BASE

Talle delantero	
Talle espalda	
Alto pecho	
Ancho de hombro	
Sisa	
Contorno cintura	
Contorno pecho	
Contorno bajo pecho	
Contorno cuello	

Para el patrón base del delantero y de la espalda comienza por dibujar un rectángulo en el que vas a ir situando las medidas tomadas. Lo harás colocando el tejido a lomo porque ambos lados son simétricos. Ve tomando las medidas corporales tal y como se indica en la página anterior y ve plasmándolas en el papel, siguiendo las indicaciones del dibujo.

Los asteriscos marcados en azul se refieren a las pinzas, tanto de talle como de pecho. Para conocer la profundidad de estas, haz una marca en el lugar donde van ubicadas.

Una vez cortado el patrón en papel, colócalo sobre el cuerpo de la persona a la que le estés tomando las medidas y pliégalo, dando forma a las pinzas que necesitas tanto para el entalle como para la pinza de pecho. Después vuelve a situar el patrón sobre plano y recorta los pliegues que has realizado.

Dibuja un rectángulo en el que el ancho será la mitad del ancho de hombros y el largo será el talle de la espalda. Dentro del rectángulo marca con una perpendicular ¼ de la medida del contorno del bajo pecho. Desde esta línea para bajo será lo que mida el costado del cuerpo.

Sitúate en la parte superior del rectángulo y baja por la derecha 5 cm. Desde este punto hasta la línea del contorno del bajo pecho será tu sisa que deberás marcar metiendo 1 cm y dibujando con una línea curva. También sobre este extremo superior, marca 1/6 + 1 cm de la medida del cuello y une este punto con una línea curva bajando 1 cm por el lado izquierdo del rectángulo para obtener el cuello del cuerpo base.

Por último, sobre la línea inferior del rectángulo marca 1/8 del contorno de la cintura, después traza la pinza que hayas medido y por último vuelve a añadir 1/8 del contorno de la cintura.

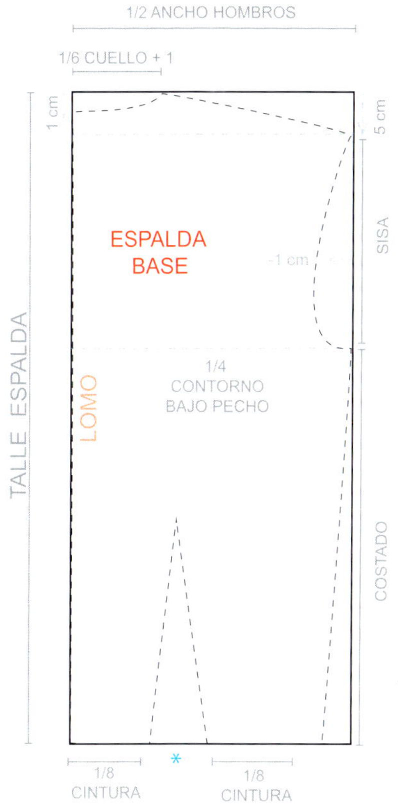

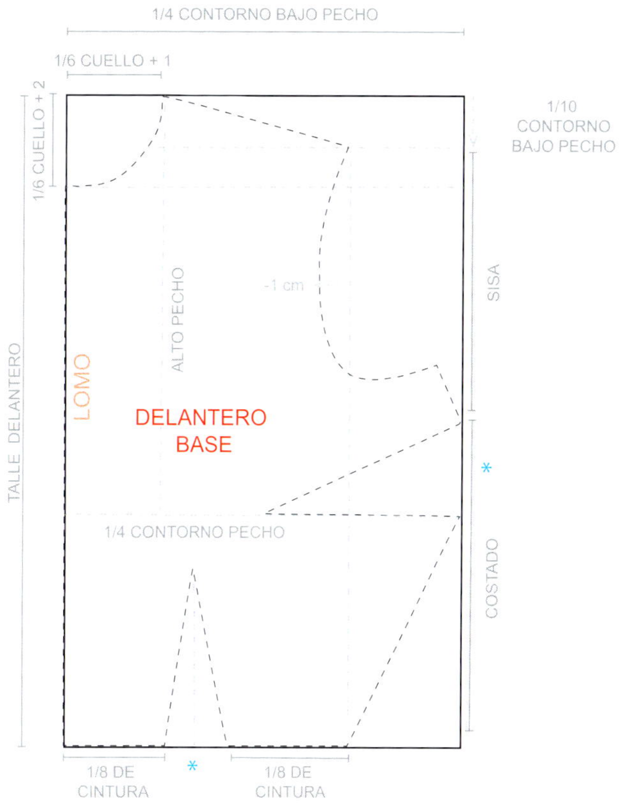

LA MANGA BASE

Dibuja una cruz cuya línea vertical será el largo total del brazo y la línea horizontal el contorno del brazo. Para medir el contorno del brazo debes hacerlo justo debajo de la axila.

Sobre la línea vertical, desde la parte inferior mide el largo bajo brazo, es decir la distancia que hay desde la axila hasta la muñeca. Marca en el dibujo ese punto trazando una perpendicular.

En la parte baja de la línea del largo total del brazo dibuja una perpendicular que será el contorno de la muñeca y une los extremos de esa línea con los de la línea del contorno del brazo.

Para diseñar la corona de la manga haz una curva que una la parte superior del largo total con los extremos del contorno del brazo. El punto de inflexión estará situado a 1,5 cm de la línea de largo total.

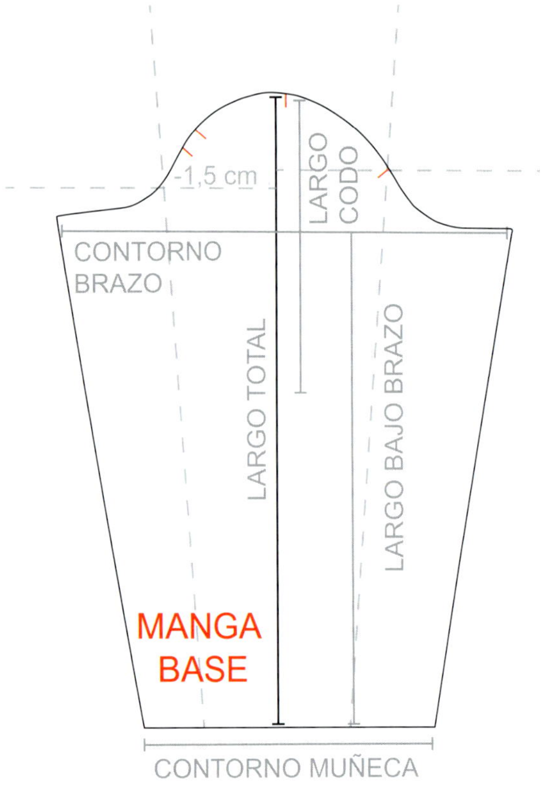

MEDIDAS PARA LA MANGA BASE

Contorno brazo	
Largo bajo brazo	
Largo total	
Contorno de muñeca	

LA FALDA BASE

El patrón de la falda base es el más sencillo y sobre él realizarás las transformaciones necesarias para crear otros diseños de falda más complejos.

MEDIDAS PARA LA FALDA BASE

Contorno cintura	
Contorno cadera alta	
Contorno cadera baja	
Largo de falda	

Para la creación de la falda sigue los mismos pasos que has dado con el cuerpo base. Vas a realizar dos veces el mismo patrón, ya que entre el delantero y el trasero de la falda la única diferencia es que esta última tiene una pinza y la parte delantera no.

Para calcular esta pinza de la falda base del trasero, tendrás que tener ya cortado el patrón en papel, colocarlo sobre el cuerpo de la persona a la que le estés tomando las medidas y plegarlo para marcar la pinza. Después vuelve a situar el patrón en plano y recorta los pliegues que has realizado.

Crea un rectángulo de ancho ¼ del contorno de la cintura y de alto el largo que quieras para la falda. Dibuja también mediante una línea perpendicular la bajada de la cadera que será la distancia que hay desde el contorno de la cintura hasta la cadera baja.

Sobre la línea superior del rectángulo marca 1/8 del contorno de la cintura. A continuación, marca la pinza que necesites (en el caso de la falda base del trasero) y vuelve a añadir 1/8 del contorno de la cintura.

Desde este punto dibuja una línea curva (la curva de la falda) hasta la línea de bajada de la cadera. Sigue bajando por el costado de tu falda dando la forma que prefieras.

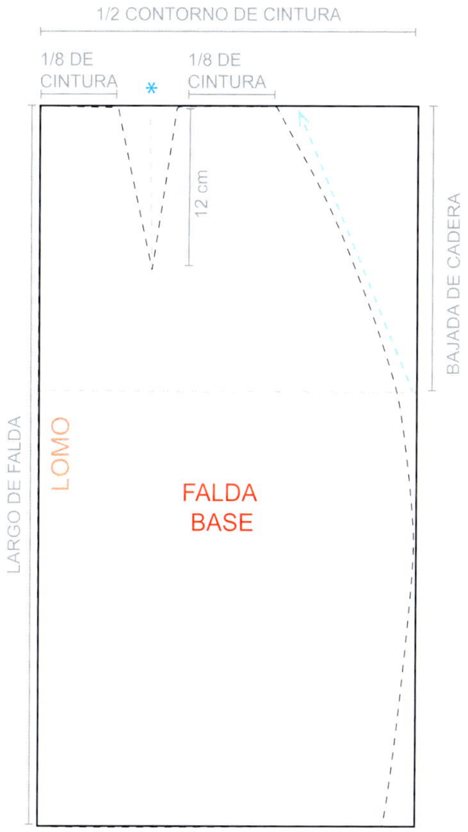

GLOSARIO

AGUJA. Barra fina pequeña y puntiaguda, normalmente de metal, aunque también de hueso, madera, etc., que se utiliza para coser, bordar, tejer... Las de coser tienen un ojo en el extremo opuesto a la punta donde se enhebra el hilo. También las hay que terminan en forma de gancho para hacer ganchillo o croché. Las más largas y terminadas en cabeza se usan para tejer. Se cree que fueron los chinos los primeros en usar las de acero y los árabes los que las introdujeron en Europa.

ALFILER. Aguja metálica fina y delgada. Tiene punta en un extremo y una cabeza en el opuesto, a veces de colores para que se vea mejor. Se usa para prender partes de una tela. También para sujetar tocados.

ALGODÓN. Esta fibra natural, posiblemente la más utilizada del mundo, es originaria de la India, pero egipcios o los antiguos pobladores del México actual también lo usaban. Permite que el sudor se absorba y, por tanto, que la piel pueda respirar. Otras de sus características es que no suele producir irritaciones. Acepta muy bien el tinte. Como suele encoger, hoy muchas prendas elaboradas con él suelen venir prelavadas. De algodón pueden ser los vaqueros, el popelín o el tul.

BAJO O DOBLADILLO. En los bordes de las prendas a veces se dobla y se cose la tela para rematar los extremos.

BOTÓN. Pieza plana fabricada de distintos materiales o forrados de tela que se cose en la ropa y se introduce en un ojal para abrochar la prenda. Empezaron a hacerse con conchas de moluscos o cuernos de animales. Luego con metales, porcelana o incluso con piedras preciosas. Datan del 3000 o 2000 a. C., pero se empezaron a producir en serie en el siglo XIV, aunque solo para la ropa de hombre. En la década de 1930 se comienza a usar resinas sintéticas para su fabricación. Al principio, al no conocerse el ojal, solo eran decorativos. Algunos grupos de *amish* tienen prohibido usarlos.

CINTA MÉTRICA. Tira o lámina flexible hecha de diferentes materiales flexibles que se divide en distintas unidades y se utiliza para medir longitudes. Antes de 1818, cuando su uso se extendió, costureras y sastres tomaban medidas de maneras ingeniosas, como usar pesados pergaminos y recortarlos a la medida del cuerpo de sus clientes. Su origen se inspira en los aparatos que utilizaban los zapateros para medir.

CONFECCIONAR. Hacer o elaborar cualquier prenda cortando y uniendo distintas piezas de un tejido o tela. Antes eran solo los sastres, modistas o costureras quienes a mano fabricaban o realizaban la ropa.

CORDURA. Tela o tejido de nailon resistente. Se usa para mochilas o para confeccionar prendas que se necesita que duren. Es tres veces más fuerte que el poliéster y diez más que el algodón.

CORTE. Cortar piezas para la hechura de un vestido. En la actualidad los cortadores de láser agilizan este trabajo y se pueden usar en distintos tejidos como el algodón, el lino o el poliéster.

COSTURA. Actividad o labor de unir piezas telas por medio de puntadas. Se entrelazan con hilo y se usa una aguja para ello. Con esta técnica se puede unir, además de telas, otros materiales.

CREMALLERA. Dos tiras de tela con una fila de dientes cada una que se traban entre sí para abril o cerrar. Para hacer estos movimientos es necesario un cursor, y los dientes pueden ser de plástico o metal. A diferencia de otros tipos de cierres, se usa para aberturas longitudinales en prendas de vestir.

CUERO. Pellejo de algunos animales que ha sido curtido y preparado para confeccionar tanto complementos como prendas normalmente de abrigo. Para que la piel no se estropee y se descomponga es necesario tratarla con sustancias curtientes. Según el tratamiento que se le dé al acabado, se consiguen unas propiedades más flexibles que otras.

DEDAL. Utensilio o cubilete de costura hueco y coniforme que se coloca en uno de los dedos para protegerlo de los posibles pinchazos de la aguja al empujarla para hacer puntadas. Los primeros fueron de hueso, también se han encontrado piedras que tenían el mismo cometido y los romanos los hacían de bronce. Eran tan importantes en el siglo XVIII, que los nobles se los regalaban a sus prometidas, y estaban fabricados de oro o plata.

DOBLE FAZ. Estos tejidos son los que tanto en el anverso como en el reverso tienen la misma decoración, pero con los colores alternos; es decir, ocurre como en las fotografías, hay un positivo y un negativo. Se trabajan ambas caras a la vez.

FIBRA. Conjunto de filamentos o hebras que se usan para formar hilos. Se realiza mediante el hilado si son naturales, como el algodón o el lino si son vegetales, o la lana o seda si son animales. También pueden ser químicas, como las sintéticas y artificiales. Según el origen, tienen características y propiedades distintas.

FIELTRO. Paño obtenido sin tejer ni hacer punto. Su origen se localiza en Asia Central y se consigue al juntar borra, lana o pelo por la acción de la humedad, el calor y la presión; de esta forma se logra un textil difícil de desgarrar, aislante y bastante impermeable. De ahí que muchos sombreros estén confeccionados con ello.

FRUNCIR. Recoger las telas haciendo en ellas arrugas pequeñas. Con ello se consigue reducir la amplitud del tejido.

GASA. Tela transparente, vaporosa y de poco peso tejida con hilos finos y largos que se utiliza normalmente para forros. La calidad viene determinada por el número de hilos que se utilicen para fabricar el tejido.

GLASILLA. También se llama retor o cotonet, y es una tela barata de algodón que se utiliza para hacer patrones o confeccionar prototipos de prendas, sobre todo para vestidos de novia.

HEBILLA. Consiste normalmente en una anilla con una parte fija y otra movible que es la que sirve de enganche con el cinturón o la cinta a la que va cosida.

HILO. Se obtiene de las fibras y se tejen para formar un tejido. Es una hebra larga y delgada que se utiliza para coser. También se da este nombre a la ropa elaborada con lino o cáñamo, por contraposición a la de algodón, lana, seda o fibra sintética. Es importante saber las propiedades para decidir cuándo usar uno u otro. Los de algodón son los más usados, pero hay de poliéster, de rayón, de nailon, de seda, de lana... Según su estructura, hay hilos simples —llamados también hilados—, que son fibras discontinuas que se mantienen con torsión o sin ella, hilos compuestos —fabricados por hilos simples—, hilos retorcidos, cableados, doblados, etc.

LANA. Pelo de las ovejas, sobre todo de la merina, o de otros animales que se hila para formar tejido. Sus fibras son rizadas, elásticas y suaves, y absorbe bien la humedad. Los mayores productores son Australia, Nueva Zelanda, Sudáfrica y Argentina.

LICRA. Fibra elástica y sintética que se comporta mejor que otros elastanos y se utiliza para confeccionar ropa deportiva, medias, ropa interior, calcetines..., ya que se adapta muy bien al cuerpo.

LIGAMENTO. Es el orden en el que se cruzan los hilos en los telares. Los básicos para elaborar un tejido son el tafetán —también llamado cruzado— y la sarga, aunque el jaquard, el raso o el simple son otros también utilizados. El tafetán se usa sobre todo en dobladillos, bordes y en tapicerías, pues es muy resistente y firme. La sarga, por su parte, produce líneas diagonales.

LINO. Fibra natural y fuerte, más larga que la del algodón, que ya se utilizaba en el Paleolítico superior. Procede del tallo de la planta y fue una de las primeras en cultivarse para confeccionar textiles.

LOMO, corte al. Se utiliza cuando los patrones son simétricos. En vez de estirar el tejido y tomar así las medidas, el tejido se dobla por la dirección del hilo y las medidas se toman solo en una mitad, al ser simétrico.

LONA. Conocida por su gran resistencia y durabilidad, es una tela rígida, fuerte y muy resistente compuesta por algodón o cáñamo. Es perfecta para un gran número de usos desde zapatos, bolsos y ropa de trabajo, hasta toldos, tiendas de campaña o fundas.

MODISTA/O. Persona que se dedica a hacer prendas de vestir. También son diseñadores y creadores de moda.

NAILON. Fibra sintética de filamentos elásticos muy resistentes. Es muy usada porque el tejido elaborado con estas fibras no se arruga ni es atacado por la polilla. Las primeras medias hechas con este material se vendieron en 1940, aunque con el comienzo de la Segunda Guerra Mundial esta poliamida se empleó tan solo para elaborar instrumental para la contienda, como los paracaídas.

OJAL. Orificio, abertura o hendidura en una prenda para ser abrochada con un botón. Se remata con puntadas gruesas y juntas para que no se descosa, y preferiblemente se hace con hilo doble. El tamaño depende tanto del diámetro como de la forma del botón.

ORGANZA. Debido a su elegancia y ligereza, esta muselina con volumen de tejido de algodón es muy apreciada en moda y decoración. Su apariencia es similar a la de la gasa, pero de caída rígida por un proceso químico denominado en francés *orgendil*.

OVERSIZE. Anglicismo que se traduce como «demasiado grande». Se utiliza en moda para denominar prendas grandes y holgadas, características de la tendencia *oversize*, que pone su foco en la comodidad, ante todo.

PATA DE GALLO. Conocidísima por su particular dibujo bicolor —normalmente en blanco y negro, aunque en la actualidad hay otros colores que sustituyen al negro— donde se repiten figuras abstractas de cuatro puntas similares a cuadrados partidos que se asemejan a las pisadas de los gallos. Un clásico en tela que año a año se reinventa convirtiéndose en pura tendencia.

PATRÓN. Plantilla hecha de papel, cartón o tejido... de las distintas medidas del cuerpo para, una vez cosidas, elaborar una prenda. Parece ser que los primeros patrones fueron los de mangas, y que aparecieron en pueblos de montaña, tal vez turcos o persas, en el siglo v a. C. En Egipto por ejemplo, no eran necesarios debido a su clima más cálido.

PESPUNTE. Es una labor de costura, y se hace con puntadas unidas. La aguja hay que introducirla por el mismo agujero donde se han sacado antes la puntada, es decir, que comienza donde acaba la anterior. Este tipo de punto se usa también para bordar, para rematar o para poner cremalleras.

PIQUETE. Marca que se dibuja en un patrón para indicar el lugar por el que se deben de juntar dos piezas que van unidas entre sí mediante una costura.

PINZA. Es un pliegue que se cose en el revés del tejido para evitar que se formen huecos en la prenda.

POLIÉSTER. Esta fibra sintética se produjo por primera vez en Inglaterra, y su éxito fue inmediato debido a su resistencia y a la facilidad de mezclarse con otras fibras. Más ventajas son su dificultad para deformarse y su facilidad para absorber tintes. India y China son los países que más producen.

PRENSATELAS. Pie o accesorio que sujeta el tejido en la máquina de coser mientras se hacen las puntadas. Hay prensatelas realizados con distintos materiales y para coser cremalleras, para ojales, para bordar...

PRESILLA. Tipo de cierre para aberturas de prenda, igual que lo son los corchetes o automáticos. Se pueden coser individualmente o en hileras y se cortan al bies. Se usan también para pasar por ellas el cinturón. Se pueden confeccionar o se pueden comprar pasamanería de presillas.

PRÍNCIPE DE GALES. Tela que utilizaban en el siglo xix los grandes terratenientes escoceses realizada con hilos que se entrecruzan y forma un estampado de cuadros muy grandes que combinan con otros más pequeños. En su origen eran dos colores, pero ahora se suele utilizar un tercer color.

PUNTADA. En costura, es un modo de asegurar el hilo al tejido u otro material por medio de una aguja. Hay muchos tipos según se utilice un género u otro, o según se haga a mano o a máquina. A la hora de adquirir una máquina, hay que conocer la variedad y la cantidad de puntadas de las que dispone para facilitar o embellecer la labor.

RAYÓN. Fibra artificial con brillo natural y suave con el que se confeccionan telas resistentes como la viscosa. Uno de los motivos de su creación fue para imitar y sustituir a la cara seda.

REMALLAR. Ver Sobrehilar.

REMATAR. Asegurar o reforzar la costura con pequeñas puntadas en el mismo sitio para que la misma no se deshaga. Otra forma de rematar es terminar con un nudo y cortar el hilo sobrante. La costura francesa es el remate más pulido.

SATINADO. Tejido suntuoso de buena consistencia, gran suavidad y mucho brillo debido al gran número de hilvanes que se van entrelazando a lo largo del mismo. Es otra de las telas más apreciadas entre los diseñadores que se reinventa año tras año en todo tipo de prendas, zapatos y bolsos.

SEDA. Filamento que se produce en la naturaleza gracias al gusano y que forma un hilo. Puede llegar a medir hasta un metro, y es resistente y elástica a la vez. En China antiguamente se reservaba solo para los emperadores, pero incluso hoy los tejidos elaborados con esos filamentos siguen siendo muy preciados y cómodos por su suavidad y ligereza.

SISA. Se utiliza esta medida para saber el contorno de la manga. Es la distancia que hay entre el hombro y la parte baja de la axila.

SOBREHILAR. Dar una puntada simple en costura para que los bordes u orillos de las telas no se deshilachen. Se puede hacer tanto a mano como a máquina, y las overlock hacen terminaciones más pulidas. También se utiliza esta puntada para unir provisionalmente tejidos.

TAFETÁN. Tela fina y sutil que se confecciona con seda, transparente y con buen cuerpo para la confección. Muy utilizada en moda para realizar adornos, cuellos y trajes de novia o de noche.

TEFLÓN. Repele tanto la humedad como la suciedad, y se empezó a utilizar en prendas que necesitaban que parecieran nuevas por mucho tiempo, como en uniformes o en ropa deportiva. Es necesario lavar las prendas con cuidado para que las propiedades o cualidades no se pierdan. Existen pies de prensatelas para la máquina de coser que se fabrican con este material, porque ayudan a arrastrar fácilmente algunos tejidos como la tela vaquera o las pieles.

TEJER. Forma de entrelazar hilos para formar un tejido plano. Se puede hacer con fibras naturales, sintéticas o artificiales, y se realiza en telares formados por la urdimbre —hilos colocados en longitudinal, es decir, de arriba abajo, y que se conoce como el hilo de la tela— y la trama, los hilos que van en horizontal y que forman el ancho de la tela. También se puede tejer a ganchillo o punto, pero en estos casos el tejido solo tiene un hilo.

TEJIDO. Este material o estructura se forma al entrelazar o tejer hilos, y para lograrlo se puede hacer a punto con agujas o en telares, e industrial o artesanalmente. Los hay complejos y los hay planos. Tejidos son el tafetán, el chintz, la muselina, el terciopelo, el piqué, etc. A veces se le llama tela.

TERCIOPELO. Tejido con pelo sedoso al tacto por el derecho, el pelo siempre va en el mismo sentido. Suele utilizarse para trajes de noche o americanas.

TIJERAS. Es conveniente tener unas para tejido y otras para papel —y que ambas estén siempre bien afiladas— e invertir en unas de buena calidad. Las hay ya para diestros y para zurdos. Dependiendo del fin para que se empleen, las hay de sastre, de bordado, de costura o las dentadas, que sirven para hacer dobladillos sin tener que coser.

TINTE. Al principio, los tejidos se teñían con colorantes extraídos de raíces, cortezas o flores. En la época de los egipcios, por ejemplo, la planta del azafrán se utilizaba para teñir las envolturas de las momias. Luego fueron algunos moluscos o insectos los usados para colorear las prendas. William Henry Perkin creó el primer tinte sintético con alquitrán de hulla. Para fijar los colores se usa una sustancia denominada mordiente.

TORZAL. Es un hilo de gran grosor que se suele utilizar para coser telas duras y resistentes como el *denim*, por ejemplo.

TRABILLAS. Son tiras finas de tela que sujetan el cinturón en una prenda de vestir. Son muy frecuentes en los pantalones.

TRAMA. Hilos colocados horizontalmente en un telar para formar un tejido. Es necesario que halla otros verticales, la urdimbre, que se entrelazan gracias a una lanzadera. A la trama también se le llama contrahilo.

TUL. Tejido de nailon que forma un dibujo en forma de red. Muy utilizado para faldas de ballet o disfraces.

URDIMBRE. Hilos colocados longitudinalmente en un telar para formar un tejido. Estos hilos paralelos deben estar tensados y tienen que tener cierta abertura, la calada, para poder entrelazarse con la trama.

VISTA. Son piezas adicionales de tejido que sirven para reforzar el borde de una prenda ya cosida.

ZERO WASTE. Es una técnica que se empieza a utilizar mucho en moda que consiste en crear prendas de tejidos e incluso de otras prendas ya existentes para evitar generar residuos de tejido a lo largo del proceso de elaboración de la prenda.